Timothy Ahrens

Markus Schneckener

Individualarbeitsrecht im Personalmanagement

Band 2: Beendigung und Kündigung von Arbeitsverhältnissen

Timothy Ahrens
Markus Schneckener

Individualarbeitsrecht im Personalmanagement

Band 2: Beendigung und Kündigung von Arbeitsverhältnissen

interna
Ihr persönlicher Experte

interna

Sie haben einen Ratgeber aus unserem Verlagsprogramm erworben. Damit haben Sie sich ständige Aktualität gesichert: Denn wir produzieren unsere Bücher für Sie digital, damit Sie nicht erst auf die nächste Auflage warten müssen, bis Sie von neuen Gesetzen oder Regelungen erfahren. Änderungen und Aktualisierungen arbeiten wir ohne Zeitverzögerung direkt in unsere Ratgeber ein. Unser monatlicher Newsletter informiert Sie über Ratgeber-Aktualisierungen und Neuigkeiten zu Ihrem Interessengebiet – und zwar kostenlos. Denn wir möchten, dass unsere Kunden auch nach dem Kauf stets auf dem Laufenden bleiben. Abonnieren Sie einfach unseren kostenlosen Newsletter auf www.verlag-interna.de (Rubrik „Über uns").

VIB – Titelmeldung
interna
Timothy Ahrens, Markus Schneckener
Individualarbeitsrecht im Personalmanagement
Band 2: Beendigung und Kündigung von Arbeitsverhältnissen
ISBN 978-3-945778-02-9

Umschlaggestaltung: Christoph Pohl, Bonn
Satz: Christoph Pohl, Bonn
Druck: FRIEDRICH VERLAGSMEDIEN, Frankfurt am Main

Verlag interna GmbH
Auguststr. 1, 53229 Bonn
Tel.: 02 28 / 85 44 98 - 0, Fax: 02 28 / 85 44 98 - 20
www.verlag-interna.de
info@verlag-interna.de

Handelsregister HRB 15534
Amtsgericht Bonn
Geschäftsführer: Jörg Mielczarek

Printed in Germany

Inhaltsverzeichnis

1 Die Beendigung von Arbeitsverhältnissen

Die berufliche Verbindung zwischen Arbeitgeber sowie Mitarbeiterinnen und Mitarbeitern kann auf verschiedene Weise enden.

In vielen Fällen endet die Zusammenarbeit automatisch mit Erreichen der Regelaltersgrenze (Altersrente) der Mitarbeiterin oder des Mitarbeiters. Häufig werden Arbeitsverträge auch befristet geschlossen, sodass mit Erreichen der vereinbarten Laufzeit eine automatische Beendigung eintritt.

Aktiv kann ein Arbeitsverhältnis durch Kündigung, also durch Beendigungserklärung einer Seite, oder einvernehmlich durch Aufhebungsvertrag zwischen den Arbeitsvertragsparteien beendet werden.

In seltenen Fällen kann ein Arbeitsvertrag auch angefochten werden, wenn z. B. eine Seite bei Abschluss des Vertrags über wesentliche Punkte getäuscht wurde.

1.1 Erreichen des Rentenalters der Mitarbeiterin bzw. des Mitarbeiters

Spätestens mit Erreichen des Rentenalters hat die Mitarbeiterin bzw. der Mitarbeiter Anspruch auf Bezug einer Regelaltersrente. Das Erreichen des Rentenalters hat aber auf den Arbeitsvertrag grundsätzlich keine Auswirkung; er endet nicht kraft Gesetz automatisch. Das Arbeitsverhältnis würde daher fortbestehen.

Die Beendigung von Arbeitsverhältnissen ab Erreichen des Rentenalters liegt aber zumeist im Interesse des Arbeitgebers, da ihm dies eine berechenbare Nachwuchsplanung ermöglicht. Auf der anderen Seite ist die bzw. der ausscheidende Beschäftigte durch Bezug von Altersrente auch finanziell abgesichert.

Viele Arbeits- und Tarifverträge sehen daher vor, dass das Arbeitsverhältnis ohne Kündigung nach Ablauf des Monats endet, in dem die oder der Beschäftigte das 65. Lebensjahr vollendet.

Das Bundesarbeitsgericht und der EuGH haben solche auf das 65. Lebensjahr abstellenden Altersgrenzenklauseln in ihrer Rechtsprechung regelmäßig als zulässig angesehen.[1]

Da aber das Renteneintrittsalter nun durch das RV-Altersgrenzenanpassungsgesetz aus dem Jahr 2007 stufenweise auf 67 Jahre angehoben wird, ist der Monat des 65. Geburtstags künftig (ab Jahrgang 1947) in der Regel nicht mehr gleichzeitig der Eintritt in das Rentenalter. Damit treffen die alten, auf das 65. Lebensjahr abstellenden Altersgrenzenklauseln für Beschäftigte ab dem Jahrgang 1947 eigentlich nicht mehr zu. Diese Mitarbeiterinnen und Mitarbeiter würden nach dem Wortlaut solcher Regelungen dann bereits vor Erreichen des Renteneintrittsalters aus dem Unternehmen ausscheiden.

Solche vor Erlass des RV-Altersgrenzenanpassungsgesetzes vereinbarten Altersgrenzenklauseln sind jedoch dahingehend auszulegen, dass stets das Erreichen der Regelaltersgrenze gemeint ist (das wollten die damaligen Parteien mit der Klausel nämlich bezwecken).[2]

Der TVöD-AT wurde in § 33 Abs. 1 a bereits dahingehend umgestellt.

[1] *Vgl. z. B. BAG, Urteil vom 21. September 2011 zum Geschäftszeichen 7 AZR 134/10*
[2] *Vgl. BAG, Urteil vom 15. Mai 2012 zum Geschäftszeichen 3 AZR 11/10*

1.2 Befristung des Arbeitsvertrages

Die Parteien können den Arbeitsvertrag unter bestimmten Bedingungen befristen, also bereits bei Vertragsschluss eine automatische Begrenzung der Laufzeit des Arbeitsverhältnisses vorsehen. Das Arbeitsverhältnis endet dann mit Fristende, ohne dass jemand aktiv noch etwas dazu beitragen müsste.

Die Begrenzung der Laufzeit kann zum einen dadurch erfolgen, dass die Arbeitsvertragsparteien ein festes Enddatum vorsehen. Die Parteien können also z. B. vereinbaren, dass das Arbeitsverhältnis bis zum 31. März 2015 befristet ist (so genannter kalendermäßig befristeter Arbeitsvertrag).

Der Arbeitsvertrag kann aber auch an einen bestimmten Zweck gebunden werden, sodass das Arbeitsverhältnis dann grundsätzlich mit Erreichen des Zwecks endet (so genannter zweckbefristeter Arbeitsvertrag).

Beispiel:
Herr Müller wird ab dem 15. Juli zur Aushilfe für die Dauer des Sonderurlaubs von Herrn Schmidt eingestellt. Das Arbeitsverhältnis endet bei Wiederaufnahme der Arbeit durch Herrn Schmidt, ohne das es einer Kündigung bedarf.

Da die Befristung von Arbeitsverträgen quasi den zwingenden gesetzlichen Kündigungsschutz umgeht, ist sie nicht beliebig möglich. Es muss dafür entweder eine tarifvertragliche oder eine gesetzliche Möglichkeit bestehen.

Der TVöD-AT verweist in § 30 auf die gesetzlichen Regelungen, führt aber auch eigene Bestimmungen für die Befristung von Arbeitsverhältnissen auf.

Neben tarifvertraglichen Regelungen ist das Teilzeit- und Befristungsgesetz (TzBfG) mit seinen allgemeinen Voraussetzungen für die Befristung von Arbeitsverträgen das wichtigste Werk. Daneben existieren noch einige spezielle Regelungen, z. B. in § 21 Bundeselterngeld- und Elternzeitgesetz (BEEG) und in § 6 Pflegezeitgesetz (PflegeZG).

Wichtig:
Das befristete Arbeitsverhältnis ist während seiner Laufzeit ein normales Arbeitsverhältnis.

Für die befristet Beschäftigten gelten folglich grundsätzlich die gleichen Rechte und Pflichten wie für unbefristet beschäftigte Mitarbeiterinnen und Mitarbeiter. In § 4 Abs. 2 TzBfG ist dafür ein ausdrückliches Diskriminierungsverbot statuiert worden. Hiernach darf eine befristet beschäftigte Arbeitnehmerin bzw. ein befristet beschäftigter Arbeitnehmer wegen der Befristung des Arbeitsvertrages nicht schlechter behandelt werden, als eine vergleichbare unbefristet Beschäftigte bzw. ein vergleichbarer unbefristet Beschäftigter, es sei denn, dass sachliche Gründe eine solche unterschiedliche Behandlung rechtfertigen.

Das nachfolgend dargestellte Befristungsrecht ist nur dann anwendbar, wenn das gesamte Arbeitsverhältnis befristet wird. Befristen die Arbeitsvertragsparteien hingegen nur einzelne Arbeitsbedingungen (z. B. Befristung einer Arbeitszeitreduzierung, Befristung einer Führungsposition), wird ggf. eine Inhaltskontrolle durch ein Gericht durchgeführt.[3]

1.2.1 Befristung nach dem TzBfG

Ob die Befristung eines konkreten Arbeitsvertrages nach dem

[3] *Vgl. Laux/Schlachter, Teilzeit- und Befristungsgesetz. 2. Auflage 2011, § 14 Rn. 24*

Teilzeit- und Befristungsgesetz möglich ist, richtet sich nach dessen § 14. Grundsätzlich ist eine Befristung danach nur dann zulässig, wenn dafür ein sachlicher Grund gegeben ist (§ 14 Abs. 1).

Ausnahmsweise kann eine Befristung auch ohne Sachgrund unter den Voraussetzungen des § 14 Abs. 2, 2 a oder 3 möglich sein.

Befristungsmöglichkeiten nach dem TzBfG im Überblick

Befristung mit Sachgrund, § 14 Abs. 1
- gemäß Abs. 1 Nr. 1-8
- oder ähnlicher Grund („insbesondere“)

Kalendermäßige Befristung ohne Sachgrund, § 14 Abs. 2
- Höchstdauer zwei Jahre
- max. dreimalige nahtlose Verlängerung innerhalb der zwei Jahre
- keine vorherige Beschäftigung innerhalb der letzten drei Jahre

Kalendermäßige Befristung ohne Sachgrund, § 14 Abs. 2 a
- erste vier Jahre nach Gründung eines Unternehmens
- Höchstdauer vier Jahre
- Befristung noch am Ende der Gründungsphase möglich (sachgrundlos befristete Beschäftigung daher noch im achten Jahr nach Gründung möglich)

Kalendermäßige Befristung ohne Sachgrund, § 14 Abs. 3
- Vollendung des 52. Lebensjahres des AN am Tag der Arbeitsaufnahme
- Beschäftigungslos mindestens vier Monate vor Arbeitsaufnahme
- Höchstdauer fünf Jahre

schriebenen Voraussetzungen der sachgrundlosen Befristung bei Vertragsschluss objektiv vorliegen.[7]

Selbst wenn also im befristeten Arbeitsvertrag ein konkreter Sachgrund genannt ist, kann sich der Arbeitgeber ggf. auch auf das Vorliegen einer sachgrundlosen Befristung stützen. Dies gilt selbstverständlich aber nicht, wenn die Arbeits- oder Tarifvertragsparteien die Möglichkeit der sachgrundlose Befristung ausgeschlossen haben.

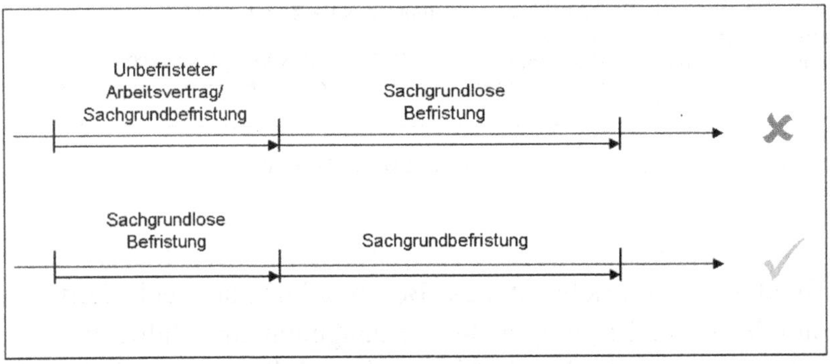

b) Grundsatz: Befristung mit sachlichem Grund

Kommt eine sachgrundlose Befristung nicht in Betracht, sind Befristungen nur wirksam, wenn dafür ein sachlicher Grund vorliegt. § 14 Abs. 1 TzBfG zählt beispielhaft („insbesondere") einige mögliche Sachgründe auf. Danach liegt ein Sachgrund vor, wenn

- der betriebliche Bedarf an der Arbeitsleistung nur vorübergehend besteht,
- die Befristung im Anschluss an eine Ausbildung oder ein Studium erfolgt, um den Übergang des Arbeitnehmers in eine Anschlussbeschäftigung zu erleichtern,

[7] *Vgl. Laux/Schlachter, Teilzeit- und Befristungsgesetz. 2. Auflage 2011, § 14 Rn. 104*

- der Arbeitnehmer zur Vertretung eines anderen Arbeitnehmers beschäftigt wird,
- die Eigenart der Arbeitsleistung die Befristung rechtfertigt,
- die Befristung zur Erprobung erfolgt,
- in der Person des Arbeitnehmers liegende Gründe die Befristung rechtfertigen,
- der Arbeitnehmer aus Haushaltsmitteln vergütet wird, die haushaltsrechtlich für eine befristete Beschäftigung bestimmt sind, und entsprechend beschäftigt wird,
- die Befristung auf einem gerichtlichen Vergleich beruht.

Da es sich bei diesen aufgezählten Sachgründen um Beispiele handelt, können auch andere „ungeschriebene" Sachgründe eingreifen. Diese müssen allerdings vom Gewicht her denen des § 14 Abs. 1 gleichwertig sein.[8]

§ 14 Abs. 1 Nr. 1:
Vorübergehender Bedarf an der Arbeitsleistung
Dieser Befristungsgrund ist zulässig, wenn bereits bei Vertragsschluss mit hinreichender Sicherheit zu erwarten ist, dass nach dem vorgesehenen Ende des befristeten Vertrages kein dauerhafter Bedarf an der Arbeitsleistung mehr bestehen wird. Diese „Erwartung" des nur vorübergehenden und nicht dauerhaften Bedarfs muss der Arbeitgeber in einer Prognose erstellt haben, der konkrete, nachvollziehbare Anhaltspunkte zugrunde liegen.[9]

Der vorübergehende Bedarf an der Arbeitsleistung kann verschiedene Ursachen haben. Er kann sich z. B. daraus ergeben,

[8] *Vgl. Laux/Schlachter, Teilzeit- und Befristungsgesetz. 2. Auflage 2011, § 14 Rn. 94*
[9] *Vgl. BAG, Urteil vom 11. September 2013 zum Geschäftszeichen 7 AZR 107/12*

dass für einen begrenzten Zeitraum zusätzliche Arbeiten anfallen, die mit dem Stammpersonal allein nicht bewältigt werden können. Ein anderer Grund kann sein, dass sich der Arbeitskräftebedarf künftig verringern wird und deshalb nur ein zeitlich begrenzter Bedarf besteht (z. B. wegen baldiger Inbetriebnahme einer neuen technischen Anlage).[10]

Ein Befristungsgrund nach § 14 Abs. 1 Nr. 1 liegt aber dann nicht vor, wenn der vom Arbeitgeber zur Begründung angeführte Bedarf an der Arbeitsleistung tatsächlich nicht nur vorübergehend, sondern objektiv dauerhaft besteht.

Beispiel:
Eine Sachbearbeiterin wird in einer Arbeitsagentur befristet angestellt, um erhebliche Bearbeitungsrückstände zu reduzieren. Nach Ablauf der Befristung wird ihr Arbeitsvertrag nicht verlängert. Sie klagt auf Feststellung, dass das Arbeitsverhältnis nicht zum Beendigungszeitpunkt beendet wurde. Das Bundesarbeitsgericht hat ausgeführt, dass dann kein Befristungsgrund nach § 14 Abs. 1 Nr. 1 besteht, wenn der Klägerin im Rahmen ihres Arbeitsvertrages reguläre Aufgaben übertragen wurden, die von dem in der Dienststelle beschäftigten Stammpersonal wegen einer von vornherein unzureichenden Personalausstattung nicht erledigt werden konnten. Dann besteht nämlich objektiv ein Dauerbedürfnis für die Arbeitsleistung.
(BAG, Urteil vom 17. März 2010, 7 AZR 640/08)

§ 14 Abs. 1 Nr. 2: Anschlussbefristung nach Ausbildung
Dieser Befristungsgrund ermöglicht einen einmaligen Abschluss eines befristeten Arbeitsvertrages nach dem Ende der Ausbildung. Es muss sich dabei zudem um das erste Arbeitsverhältnis nach der Ausbildung handeln. Zeitlich gesehen meint „im Anschluss" zwar keine nahtlose, jedoch eine Übernahme zumindest in zeitlichem Zusammenhang (innerhalb weniger Monate).

[10] Vgl. BAG, Urteil vom 17. September 2010 zum Geschäftszeichen 7 AZR 640/08

Abweichendes gilt dann, wenn die oder der Auszubildende zuvor im selben Betrieb beschäftigt war. Da eine Weiterbeschäftigung einer/eines Auszubildenden im Anschluss an das Berufsausbildungsverhältnis ohne betreffende neue Vereinbarung automatisch ein (unbefristetes) Arbeitsverhältnis begründet, ist die Befristung nach § 14 Abs. 1 Nr. 2 TzBfG spätestens mit Beendigung des Berufsausbildungsverhältnisses vorzunehmen.[11]

§ 14 Abs. 1 Nr. 3: Befristung zur Vertretung

Dieser Befristungsgrund ist wahrscheinlich der praxisrelevanteste. Die Befristung kann hiernach vorgenommen werden, wenn eine Mitarbeiterin oder ein Mitarbeiter vorübergehend ausgefallen ist (z. B. durch Krankheit, Urlaub, Elternzeit, Freistellung als Betriebs-/Personalrat) und deshalb Vertretungsbedarf besteht. Da die oder der ausgefallene Beschäftigte jedoch nur vorübergehend abwesend ist, besteht lediglich ein Bedürfnis für eine befristete Beschäftigung.

Auch in diesem Fall muss der Arbeitgeber bei Vertragsschluss prognostizieren (vgl. Ausführungen zur Prognose beim Befristungsgrund „vorübergehender Bedarf"), ob der Vertretungsbedarf tatsächlich nur vorübergehend besteht, ob die oder der ausgefallene Beschäftigte also tatsächlich zurückkehrt. Grundsätzlich darf der Arbeitgeber aufgrund des Anspruchs der Stammkraft auf Wiederaufnahme der bisherigen Tätigkeit ohne weiteres davon ausgehen, dass diese zurückkehren wird. Der Vertretungsbedarf kann aber dann zu verneinen sein, wenn erhebliche Zweifel an der tatsächlichen Rückkehr bestehen. Dies kann z. B. gegeben sein, wenn die oder der Ausgefallene dem Arbeitgeber bereits vor Abschluss des befristeten Vertrages eindeutig und bindend erklärt hat, dass sie oder er die Tätigkeit nicht wieder aufnehmen werde. Die Befristung kann dann unwirksam sein, da tatsächlich ein Dauerbedarf an der Arbeitsleistung gegeben ist.

[11] *Vgl. Laux/Schlachter, Teilzeit- und Befristungsgesetz. 2. Auflage 2011, § 14 Rn. 42, 43*

Aufgaben dieser Stammkraft übernimmt Stammkraft B. Für die bisherigen Aufgaben von Stammkraft B wird eine Vertretungskraft befristet eingestellt. Im Gerichtsprozess kommt heraus, dass B dauerhaft andere Aufgaben übernehmen soll, also nicht mehr auf seinen bisherigen Arbeitsplatz zurückkehren wird. Eine Kausalität besteht bei einer Vertretungskette aber dann nicht mehr, wenn bereits beim Abschluss des Arbeitsvertrages mit der Vertretungskraft feststeht, dass der bisher auf diesem Arbeitsplatz tätige Mitarbeiter (hier B) nicht dahin zurückkehren wird. Die Einstellung der Vertretungskraft hatte mit dem Ausfall der Stammkraft (hier A) daher nichts zu tun.
(BAG, Urteil vom 6. November 2013, 7 AZR 96/12)

Die Kausalität kann unabhängig von den vorgenannten Fällen auch dann gegeben sein, wenn die Vertreterin bzw. der Vertreter mit Aufgaben betraut wird, die die ausgefallene Stammkraft nach ihrer Rückkehr ausüben könnte, auch wenn sie diese in der Vergangenheit noch nie wahrgenommen hatte. Dafür müsste der Arbeitgeber der ausgefallenen Stammkraft diese (für sie neuen) Aufgaben auch per Direktionsrecht zuweisen können, und die Stammkraft müsste die Aufgaben tatsächlich erfüllen können. Es wäre also erforderlich, dass die ausgefallene Stammkraft rechtlich und tatsächlich an der Stelle der Vertreterin bzw. des Vertreters arbeiten könnte.[16] Ansonsten kann die befristete Person nicht „in die Stellung der oder des Ausgefallenen schlüpfen“ und diesen damit im Wortsinne wirklich „vertreten“.

Bei Abschluss des Arbeitsvertrages mit der Vertreterin bzw. dem Vertreter muss der Arbeitgeber dann auch nach außen erkennbar deren bzw. dessen geplante Arbeitsaufgaben gedanklich der abwesenden Stammkraft zuordnen. Dies ist nach der Rechtsprechung des Bundesarbeitsgerichts zur Gewährleistung der Kausalität zwischen dem Ausfall der Stammkraft und der Einstellung

[16] *Vgl. BAG, Urteil vom vom 10. Oktober 2012 zum Geschäftszeichen 7 AZR 462/11*

der Vertretungskraft erforderlich.[17] Der Arbeitgeber muss also z. B. im Arbeitsvertrag der Vertretungskraft oder im Rahmen der Beteiligung des Betriebs-/Personalrates erkennen lassen, dass die Aufgaben der Vertretungskraft bei Anwesenheit der Stammkraft übertragen worden wären.[18]

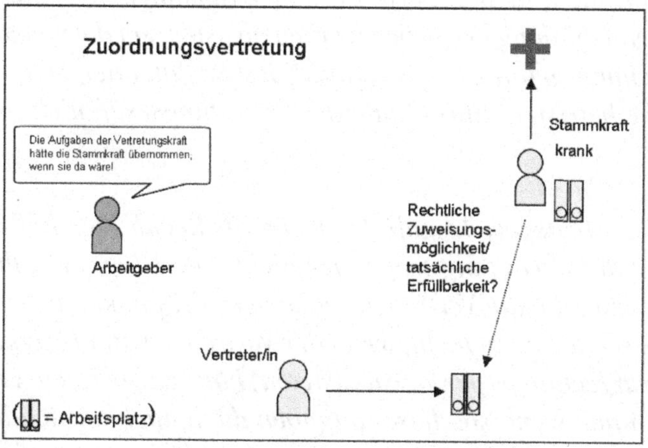

Beispiel:
Eine Angestellte war aufgrund mehrerer befristeter Verträge im Amt für Gebäudemanagement, Abteilung Betriebswirtschaft tätig. Zuletzt erfolgte die Befristung aus Vertretungsgründen. Ihr Aufgabengebiet umfasste die Angebotsnachrechnung und nach der Umstellung von der kameralen auf die doppische Haushaltsführung zum 1. Januar 2006 die Kreditoren- und Debitorenbuchhaltung.

Die nach dem Arbeitsvertrag vertretene Stammkraft hatte die Prüfung zur Verwaltungsfachangestellten abgelegt und verfügte damit über Kenntnisse und Fähigkeiten im Haushalts-, Kassen- und Rechnungswesen, die im Rahmen der Ausbildung vermittelt wurden. Sie fehlte seit 1996 zunächst aufgrund von Elternzeit und

[17] *Vgl. BAG, Urteil vom vom 10. Oktober 2012 zum Geschäftszeichen 7 AZR 462/11*
[18] *Vgl. Schaub, Arbeitsrechtshandbuch, 14. Auflage 2011, § 40 Rn. 23*

anschließend zur Kinderbetreuung aufgrund Sonderurlaubs. Mit ihrer Klage hatte die Vertretungskraft die Auffassung vertreten, die Befristung ihres Arbeitsvertrags sei nicht durch den Sachgrund der Vertretung gerechtfertigt. Die Vertretene sei fachlich nicht in der Lage, die buchhalterischen Aufgaben, die sie wahrnehme, zu erfüllen. Wenn die erforderlichen Kenntnisse erst durch eine Zusatzausbildung erworben werden müssten, sei die von der Rechtsprechung geforderte Kausalität des Ausfalls der Stammkraft für die befristete Einstellung der Vertretungskraft nicht gegeben.

Das Bundesarbeitsgericht gab der Klägerin Recht. Der Befristungsgrund der Vertretung trage hier nicht. Die Klägerin nahm Aufgaben wahr, die die Vertretene zu keinem Zeitpunkt ausgeübt hatte. Dies schade dann nicht, wenn der Vertretenen die Tätigkeit der Klägerin rechtlich (per Weisungsrecht) hätte zugewiesen werden können und wenn sie diese Aufgaben dann auch tatsächlich hätte wahrnehmen können.

Zwar wäre eine rechtliche Zuweisung der Aufgaben möglich gewesen. An der tatsächlichen Ausübungsmöglichkeit (Befähigung) habe es vorliegend jedoch gefehlt. Die Vertretene wäre im Zeitraum des letzten befristeten Vertrages der Klägerin fachlich nicht in der Lage gewesen, deren Tätigkeiten auszuüben. Vorliegend war die Vertretene weder aufgrund ihrer Ausbildung noch aufgrund der bisherigen Berufstätigkeit oder sonstiger nachweislich erworbener Kenntnisse in der Lage, den fachlichen Anforderungen an die Tätigkeit der Klägerin zu genügen. Sie hätte sich dafür erst fachlich qualifizieren müssen. Die hierzu erforderliche Fortbildung hätte jedoch die gesamte befristete Vertragsdauer der Klägerin in Anspruch genommen.
(BAG, Urteil vom 14. April 2010, 7 AZR 121/09)

Besonderheiten bei Vertretungen wegen der Abordnung einer Stammkraft

Besonderheiten sind nach dem Bundesarbeitsgericht für die Fälle zu beachten, in denen einer Stammkraft vorübergehend eine andere Tätigkeit im Betrieb oder Unternehmen zugewiesen wird (so genannte Abordnung) und deshalb Vertretungsbedarf entsteht. Zunächst soll dieser Vertretungsbedarf grundsätzlich ein Sachgrund nach § 14 Abs. 1 Nr. 3 TzBfG darstellen.[19]

Es sind jedoch zwei Besonderheiten zu beachten:

Bei der Rückkehrprognose für die Stammkraft muss der Arbeitgeber zusätzliche Anforderungen beachten. Neben der Annahme, die Stammkraft werde zurückkehren, muss der Arbeitgeber alle Umstände des Einzelfalles würdigen. Er muss z. B. etwaige Erklärungen der Stammkraft zu deren Rückkehrabsichten sowie die eigenen Planungs- und Organisationsentscheidungen mit in die Prognose einbeziehen. Er muss auch berücksichtigen, ob für die Rückkehr der Stammkraft ein Einvernehmen mit dieser herzustellen ist oder ob sich die Rückkehr automatisch vollzieht. Der Grund für diese zusätzlichen Anforderungen liegt darin, dass in diesen Fällen nicht allein die Stammkraft, sondern auch der Arbeitgeber selbst für deren Abwesenheit und die voraussichtliche Rückkehr verantwortlich ist.[20]

Bei Abordnungsvertretungen ist zudem nur die unmittelbare und mittelbare Vertretung möglich. Eine Zuordnungsvertretung scheidet dagegen aus, da der Arbeitgeber seine Versetzungsbefugnis bereits durch den anderweitigen Einsatz im Unternehmen ausgeübt habe. Er könne der Stammkraft „gedanklich" folglich nicht noch mal andere Tätigkeiten zuweisen.[21]

[19] *Vgl. BAG, Urteil vom vom 16. Oktober 2013 zum Geschäftszeichen 7 AZR 661/11*
[20] *Vgl. BAG, Urteil vom vom 16. Oktober 2013 zum Geschäftszeichen 7 AZR 661/11*
[21] *Vgl. BAG, Urteil vom vom 10. Juli 2013 zum Geschäftszeichen 7 AZR 761/11*

vor, wenn die Befristung auf deren bzw. dessen Initiative vereinbart wurde, weil z. B. demnächst ein Studium begonnen werden soll, eine andere Stelle angetreten oder ein Umzug in eine andere Gegend stattfindet, das Arbeitsverhältnis also aus Gründen der Arbeitnehmerin bzw. des Arbeitnehmers nur eine vorübergehende Zeit bestehen kann. Die bzw. der Beschäftigte muss also auf die Befristung bestanden haben und hätte dies auch dann getan, wenn ihr bzw. ihm ein unbefristetes Arbeitsverhältnis angeboten worden wäre.

- die Befristung aufgrund sozialer Erwägungen zur Überbrückung eines „finanziellen Engpasses" der Mitarbeiterin bzw. des Mitarbeiters vorgenommen wird. Dies kann z. B. in Betracht kommen, wenn Gelegenheit gegeben werden soll, sich beruflich neu zu orientieren, Berufserfahrung zu sammeln oder vor Aufnahme eines Studiums etwas anzusparen. Der Antrieb „soziale Motivation" liegt dann vor, wenn es ohne den in der Person der Arbeitnehmerin bzw. des Arbeitnehmers begründeten sozialen Zweck gar nicht erst zum Abschluss des Arbeitsvertrages gekommen wäre. Betriebliche Interessen dürfen daher für die Einstellung nicht ausschlaggebend sein. Der Befristungsgrund „Arbeitsvertrag als Sozialmaßnahme" ist aber eher ein Ausnahmefall.

§ 14 Abs. 1 Nr. 7: Haushaltsmittel
Dieser Befristungsgrund steht in seltenen Fällen im öffentlichen Dienst zur Verfügung. Eine weitere Auseinandersetzung damit ist daher entbehrlich.

§ 14 Abs. 1 Nr. 8: Gerichtlicher Vergleich
In einem gerichtlichen Vergleich kann die Befristung eines Arbeitsverhältnisses wirksam sein, wenn die Parteien darin zur Beendigung eines Kündigungsschutzverfahrens oder eines Feststel-

lungsverfahrens über den Fortbestand des Arbeitsverhältnisses infolge einer Befristung (Entfristungsklage) eine Einigung erzielen. Es muss sich also um einen Rechtsstreit über den Bestand des Arbeitsverhältnisses handeln, in dem sich die Parteien vergleichen. Der außergerichtliche Vergleich ist ausdrücklich ausgenommen.

Nach dem Bundesarbeitsgericht soll ein im schriftlichen Wege zustande gekommener gerichtlicher Vergleich allerdings keinen Befristungsgrund nach § 14 Abs. 1 Nr. 8 TzBfG darstellen, wenn er gemäß § 278 Abs. 6 Satz 1, 1. Alternative der Zivilprozessordnung (ZPO) aufgrund übereinstimmenden schriftlichen Vorschlags des Arbeitgebers und der Mitarbeiterin bzw. des Mitarbeiters zustande kommt. Nur der gerichtliche Vergleich aufgrund eines schriftlichen Vergleichsvorschlages des Gerichts gemäß § 278 Abs. 6 Satz 1, 2. Alternative ZPO sei tauglicher Befristungsgrund.[26]

Weitere „ungeschriebene" Sachgründe

Neben den ausdrücklich in § 14 Abs. 1 genannten Sachgründen kommen auch andere Gründe für eine Befristung in Betracht, wenn sie diesen gleichwertig sind.

Von der Rechtsprechung anerkannt wurden z. B.

- die vorübergehende Beschäftigung auf einem Arbeitsplatz, der einer anderen Person bereits fest zugesagt wurde. Erforderlich ist aber eine vertragliche Bindung, also ein bereits bestehender Arbeitsvertrag zwischen dem Arbeitgeber und der eigentlich vorgesehenen Person für den Arbeitsplatz.[27]

- unter bestimmten Voraussetzungen die Aus- oder Weiterbildung einer bzw. eines Beschäftigten. Dies setzt voraus, dass

[26] *Vgl. BAG, Urteil vom 15. Februar 2012 zum Geschäftszeichen 7 AZR 734/10*
[27] *Vgl. BAG, Urteil vom 13. Oktober 2004 zum Geschäftszeichen 7 AZR 218/04*

durch die Tätigkeit zusätzliche Kenntnisse und Erfahrungen vermittelt werden, die durch die übliche Berufstätigkeit nicht erworben werden können. Allerdings reicht die allgemeine Aus- und Weiterbildung, die mit nahezu jeder mehrjährigen Berufsausübung einhergeht, nicht aus, um die Befristung eines Arbeitsvertrages zu rechtfertigen. Erforderlich ist vielmehr, dass ein bestimmtes Ausbildungsziel systematisch verfolgt wird und die vermittelten Kenntnisse, Erfahrungen oder Fähigkeiten auch außerhalb der Organisation des Arbeitgebers beruflich verwertbar sind.[28]

Objektives Vorliegen des Sachgrundes bei Kalenderbefristungen ausreichend

Die Vertragsparteien müssen bei kalendermäßig befristeten Arbeitsverträgen – im Rahmen des TzBfG – den Sachgrund für die Befristung weder explizit vereinbart haben noch muss dieser der Mitarbeiterin bzw. dem Mitarbeiter bei Vertragsschluss mitgeteilt worden sein, um eine wirksame Befristung zu erreichen (bei Zweckbefristungen ist dies anders, da dort der Befristungsgrund die Dauer der Befristung bestimmt).

Wie bereits oben zur sachgrundlosen Befristung ausgeführt, genügt vielmehr grundsätzlich ein objektives Vorliegen der gesetzlichen Voraussetzungen einer Befristung und damit hier des Sachgrundes. Der Arbeitgeber kann die Befristung in der Konsequenz daher auch auf einen anderen als den evtl. im Arbeitsvertrag benannten Sachgrund stützen, sollte dieser die Befristung nicht rechtfertigen. Eine Selbstbindung des Arbeitgebers aufgrund der Nennung eines Sachgrundes im Arbeitsvertrag besteht nämlich grundsätzlich nicht.[29]

Kein Sachgrund für die Dauer der Befristung

Neben dem Erfordernis eines Sachgrundes für die Befristung

[28] *Vgl. BAG, Urteil vom 22. April 2009 zum Geschäftszeichen 7 AZR 96/08*

[29] *Vgl. Laux/Schlachter, Teilzeit- und Befristungsgesetz, 2. Auflage 2011, § 14 Rn. 19, 20, 21*

selbst ist eigentlich nicht zusätzlich noch eine sachliche Rechtfertigung für deren gewählte Dauer erforderlich. Diese kann trotzdem nicht beliebig gewählt werden, sondern muss sich am Sachgrund der Befristung orientieren und diesen somit nicht in Frage stellen. Passen der gewählte Sachgrund und die Dauer der Befristung danach nicht zusammen, kann dies ein Indiz dafür sein, dass dieser Sachgrund nur vorgeschoben war. Vor allem wenn der Arbeitsvertrag deutlich länger läuft, als es nach dem Grund der Befristung eigentlich erforderlich ist, kann dies auf ein solches „Vorschieben" deuten.[30]

Verlängerung des sachgrundbefristeten Vertrages

Wie bereits erwähnt, können sachgrundbefristete Arbeitsverträge grundsätzlich beliebig häufig verlängert werden, solange eben ein Sachgrund vorliegt. Eine vom Gesetz angeordnete zeitliche Beschränkung gibt es nicht. Die Sachgründe für die Befristung können von Vertrag zu Vertrag auch wechseln. So kann ein Arbeitsvertrag z. B. zunächst aufgrund vorübergehenden Mehrbedarfs befristet werden und anschließend zur Vertretung eines aktuell ausgefallenen Kollegen.

Mit zunehmender Dauer des Beschäftigungsverhältnisses verdient die Mitarbeiterin bzw. der Mitarbeiter aber einen größeren Schutz. Sie oder er hat schließlich viel Zeit in diesen „Betrieb" investiert und wird aufgrund geringer werdender Bewerbungschancen auch abhängiger von diesem. Mit zunehmender Zeit und jeder neuen Befristung wachsen daher die Anforderungen des Arbeitgebers an seine Prognose, „die oder der Beschäftigte werde nur vorübergehend, bis zum Ende dieses Befristungszeitraums gebraucht". Die Argumentation des Arbeitgebers wird bei häufig erneuerten, langjährigen Befristungen in der Regel immer schwerer. Er muss schließlich bei jeder neuen Befristung darlegen können, dass gleichwohl nur ein vorübergehender Bedarf besteht. Le-

[30] *Vgl. Laux/Schlachter, Teilzeit- und Befristungsgesetz, 2. Auflage 2011, § 14 Rn. 13*

gemäß § 14 Abs. 2 Satz 2 TzBfG unwirksam und der Vertrag unbefristet geschlossen.

- Ein unbefristeter Arbeitsvertrag wird auch begründet, wenn das Formerfordernis des § 14 Abs. 4 TzBfG nicht beachtet wurde. Beispiel: Die Befristungsabrede wird nur mündlich oder zwar schriftlich, aber erst nach Arbeitsaufnahme geschlossen. Durch die spätere Nachholung der Schriftform kann die Befristung nicht mehr wirksam werden.

- Letztlich wird aus dem befristeten Arbeitsverhältnis ein unbefristetes, wenn es nach Fristende (Zeitablauf oder Zweckerreichung) im Wissen des Arbeitgebers fortgesetzt wird, § 15 Abs. 5 TzBfG. Der Arbeitgeber kann diese Rechtsfolge allerdings durch sofortigen Widerspruch bzw. Mitteilung der Zweckerreichung verhindern.

Wenn aufgrund unwirksamer Befristung ein unbefristetes Arbeitsverhältnis zustande gekommen ist, bzw. durch Fortsetzung nach Fristende ein solches entsteht, kann der Arbeitgeber dieses – wie bei jedem anderen unbefristeten Arbeitsvertrag – nur unter Beachtung des Kündigungsschutzes der Arbeitnehmerin bzw. des Arbeitnehmers kündigen.

Grundsätzlich ist eine solche Kündigung aber frühestens zum – unwirksam – vereinbarten Ende des Arbeitsvertrages möglich, § 16 Satz 1 TzBfG. Der Arbeitgeber kann bereits früher kündigen, wenn die Unwirksamkeit lediglich auf der fehlenden Form beruht oder eine vorzeitige Kündigungsmöglichkeit nach § 15 Abs. 3 TzBfG vereinbart war.

2 Kündigung des Arbeitsverhältnisses

Überblick

Jede Partei kann das Arbeitsverhältnis unter bestimmten Bedingungen einseitig – auch gegen den Willen der anderen Partei – durch Erklärung (so genannte Kündigung) beenden. Nachfolgend sollen zunächst allgemeine Voraussetzungen, die für alle Kündigungen und Kündigungsarten relevant sind, erörtert werden. Im Einzelnen:

- die Form der Kündigungserklärung
- Möglichkeiten der Vertretung
- Zeitpunkte der Kündigungserklärung
- Zugang der Erklärung
- Kündigung von/an nicht voll geschäftsfähige Personen o. Ä.
- Vor-/Nachteile einzelner Zustellarten
- Folgen von Zugangsverhinderungen
- zu beachtende Kündigungsfristen
- Beteiligung eines vorhandenen Betriebsrats
- besonderer Kündigungsschutz besonderer Personengruppen
- allgemeiner Kündigungsschutz

Danach soll vornehmlich die Kündigung durch den Arbeitgeber näher betrachtet werden. Am Ende des Kapitels wird dann kurz auf die vergleichsweise rechtlich unproblematische Kündigung durch Arbeitnehmerinnen und Arbeitnehmer eingegangen.

Einleitung

Der deutsche Gesetzgeber hat sich für die Errichtung eines strengen Kündigungsschutzes entschieden. Die Kündigung einer Arbeitnehmerin oder eines Arbeitnehmers, die/der diesen Kündigungsschutz genießt, ist außerordentlich schwer und hat in der

Praxis dazu geführt, dass Arbeitsverhältnisse häufig mit einem (gerichtlichen) Abfindungsvergleich enden.

Es kommen jedoch nur Arbeitnehmerinnen und Arbeitnehmer in den Genuss dieses „allgemeinen“ Kündigungsschutzes, die bereits länger als sechs Monate in einem Betrieb des Arbeitgebers tätig sind und der Betrieb des Arbeitgebers mehr als zehn Arbeitnehmerinnen bzw. Arbeitnehmer umfasst.

Die Grundnorm des Kündigungsschutzes ist § 1 Abs. 1 Kündigungsschutzgesetz (KSchG). Diese Norm fordert die soziale Rechtfertigung der Kündigung.

Eine Kündigung kann ordentlich oder außerordentlich ausgesprochen werden. In der Regel erfolgt sie „ordentlich“, dass heißt unter Einhaltung einer Kündigungsfrist. Das Arbeitsverhältnis endet damit nicht schon mit dem Ausspruch der Kündigung, sondern läuft noch eine gewisse Zeit, nämlich die Kündigungsfrist, weiter. Beide Parteien erhalten dadurch Gelegenheit zur Umorientierung.

Die Arbeitgeberkündigung unterteilt sich in verschiedene Grundvarianten

Bei einer Kündigung im Kleinbetrieb oder während der ersten sechs Monate des Arbeitsverhältnisses muss das KSchG grundsätzlich nicht beachtet werden. Diese Kündigung unterliegt damit nicht so engen Voraussetzungen.

Ab einer bestimmten Betriebsgröße und ab einem Bestand des Arbeitsverhältnisses von sechs Monaten ist jedoch das KSchG zwingend zu beachten. Kündigungen sind dann nur möglich, wenn sie sozial gerechtfertigt sind. Eine Kündigung ist nur dann sozial gerechtfertigt, wenn sie aus personen-, verhaltens- oder betriebsbedingten Gründen erfolgt.

Ein Sonderfall ist die so genannte Änderungskündigung, bei der der Mitarbeiterin bzw. dem Mitarbeiter mit Ausspruch der Kündigung zugleich die Fortsetzung des Arbeitsverhältnisses zu geänderten Arbeitsbedingungen angeboten wird.

In Ausnahmefällen kann das Arbeitsverhältnis auch „außerordentlich“ fristlos, also ohne Einhaltung einer Kündigungsfrist, beendet werden.

Die außerordentliche Kündigung wirkt damit sofort mit dem Ausspruch. Es müssen in diesem Fall aber Tatsachen vorgelegen haben, bei denen es dem Arbeitgeber unzumutbar war, die Mitarbeiterin bzw. den Mitarbeiter selbst bis zum Ablauf der ordentlichen Kündigungsfrist weiterzubeschäftigen. Das ist in der Regel nur bei schwersten Pflichtverletzungen wie z. B. einem Diebstahl im Betrieb durch eigene Mitarbeiterinnen oder Mitarbeiter anzunehmen.

2.1 Form und Inhalt der Kündigungserklärung

Schriftform
Ein weit verbreiteter Irrtum ist noch immer, dass eine Kündigung mündlich, per SMS, per Telefax oder per E-Mail erfolgen könne. Dies ist jedoch nicht der Fall. Seit dem 1. Mai 2000 erfüllt nur eine schriftliche Kündigung mit einer Unterschrift, aus der die bzw. der Kündigende ersichtlich ist, die gesetzlichen Erfordernisse des § 623 BGB an die Form einer Kündigung.

Kündigungen, die nicht schriftlich erfolgen, sind unwirksam! Das Schriftformerfordernis ist zwingend und kann nicht durch arbeitsvertragliche Regelung aufgehoben werden.

Das Schriftformerfordernis ist nach § 126 Abs. 1 BGB nur gewahrt, wenn die bzw. der Kündigende das Kündigungsschreiben eigenhändig unterzeichnet. Ein Namenskürzel der bzw. des Kündigenden genügt für die Schriftform nicht.

Achtung!

Richtiger Briefkkopf
Immer wieder passiert es in der Praxis, insbesondere in Konzernen, dass eine Kündigung auf dem Briefpapier einer Schwestergesellschaft erklärt wird. Wenn nicht durch Auslegung, insbesondere über die Angabe in der Unterschriftszeile, klar wird, welcher Arbeitgeber kündigt, liegt keine wirksame Kündigung des Arbeitsverhältnisses vor.

Angabe von Kündigungsgründen
Die Angabe von Gründen ist für die Wirksamkeit einer ordentlichen Kündigung grundsätzlich nicht erforderlich. Im Hinblick auf eine mögliche Selbstbindung auf bestimmte Kündigungsgründe ist es auch nicht empfehlenswert, in der Kündigungserklärung selbst detaillierte Angaben zu den Gründen der Kündigung zu machen.

Die Empfängerin bzw. der Empfänger hat jedoch – jedenfalls auf Verlangen – Anspruch auf (nachträgliche) Mitteilung der Kündigungsgründe. Das ergibt sich für die ordentliche Kündigung aus § 1 Abs. 3 Satz 1 HS. 2 KSchG bzw. aus einer entsprechenden arbeitsvertraglichen Nebenpflicht, und für die außerordentliche Kündigung aus § 626 Abs. 2 Satz 3 BGB.

Teilt der Arbeitgeber die Gründe für die Kündigung nicht oder nicht ordnungsgemäß mit, kann die Arbeitnehmerin bzw. der Arbeitnehmer im Wege des Schadensersatzes verlangen, so gestellt zu werden, als seien ihr bzw. ihm die Gründe rechtzeitig mitgeteilt worden. So kann die Arbeitnehmerin bzw. der Arbeitnehmer etwa die Kosten für einen Kündigungsschutzprozess ersetzt verlangen, den sie oder er bei Kenntnis der Kündigungsgründe nicht angestrengt hätte. In der Praxis werden solche Schadensersatzforderungen indes selten geltend gemacht.

Ausnahmen

In besonderen gesetzlichen Vorschriften, im Tarifvertrag, Arbeitsvertrag oder in einer Betriebs- bzw. Dienstvereinbarung kann jedoch festgelegt sein, dass bei einer Kündigung immer der Kündigungsgrund angegeben werden muss. Die Nichtberücksichtigung derartiger gesetzlicher Vorschriften führt zur Unwirksamkeit der Kündigung. Dies gilt auch für tarifvertragliche Begründungserfordernisse sowie solche in Dienst- bzw. Betriebsvereinbarungen. Bei arbeitsvertraglichen Vereinbarungen ist auszulegen, ob sie als Wirksamkeitsvoraussetzung gedacht sind. Besteht ein Begründungszwang, müssen die Kündigungsgründe so genau bezeichnet werden, dass die Kündigungsempfängerin bzw. der Kündigungsempfänger klar erkennen kann, was gemeint ist und was ihr bzw. ihm ggf. zur Last gelegt wird. Bezugnahmen auf Gespräche oder mündliche Erläuterungen reichen nicht aus. Auch die Bezeichnung als „betriebsbedingte Kündigung" ist in diesen Fällen nicht ausreichend.

Solche Sonderregelungen sind z. B. enthalten in § 9 Abs. 3 Satz 2 Mutterschutzgesetz (MuSchG) für die Kündigung einer Schwangeren oder Mutter, in § 22 Abs. 3 Berufsbildungsgesetz (BBiG) für die Kündigung von Berufsausbildungsverhältnissen, u. U. im Tarifvertrag und eher selten in einer Dienst- bzw. Betriebsvereinbarung.

Kündigung durch Vertreter, Stellvertreter oder Organ
Die Kündigung kann durch den Arbeitgeber als Kündigungsberechtigten selbst erfolgen oder durch einen von ihm bevollmächtigten Vertreter bzw. eine von ihm bevollmächtigte Vertreterin. Unterzeichnet eine Vertreterin bzw. ein Vertreter des Arbeitgebers das Kündigungsschreiben, muss in diesem ein Zusatz auf das Vertretungsverhältnis hinweisen. Dringend anzuraten ist, einer Originalvollmachtsurkunde beizufügen.

Bei Unterzeichung der Kündigung in Vertretung könnte die anzuhängende Vollmacht wie folgt aussehen:

Herbert Sorglos
Sanitärklempnerei
Werkdamm 15
12345 Berlin

Vollmacht

Hiermit bevollmächtige ich Herrn/Frau ________________, das zwischen mir und Frau/Herrn ________________ (wohnhaft ________________, ________________) bestehende Arbeitsverhältnis ordentlich oder außerordentlich zu kündigen. ________________ ist auch bevollmächtigt, Aufhebungs-/Abwicklungsvereinbarungen mit Frau/Herrn ________________ zu schließen.

Diese Vollmacht gilt bis zu ihrem Widerruf.

Berlin, den ________________

Herbert Sorglos

Ist der Arbeitgeber eine juristische Person, etwa eine GmbH oder eine Aktiengesellschaft (AG), handelt diese grundsätzlich durch ihre Organe, also den Geschäftsführer oder den Vorstand. Zu beachten ist insoweit, ob eine Einzel- oder Gesamtvertretungsbefugnis vorliegt.

Zwei gesamtvertretungsberechtigte Geschäftsführer einer GmbH (Vorstände einer AG) können ihre Gesamtvertretung in der Weise ausüben, dass der eine den anderen intern zur Abgabe einer Willenserklärung ermächtigt und der Zweite die Kündigungserklärung allein abgibt. In diesem Fall gelten die nachstehenden Grundsätze zu einer Vollmachtsvorlage.

Unverzügliche Zurückweisung mangels Vollmacht

Soweit eine Kündigung nicht durch den Arbeitgeber selbst unterschrieben wird, ist der Kündigung grundsätzlich eine Originalvollmacht beizufügen, mit der die bzw. der Kündigende ihre oder seine Bevollmächtigung nachweist.

Ausnahmen gelten z. B. bei Leiterinnen bzw. Leitern der Personalabteilung, Prokuristinnen bzw. Prokuristen oder wenn die Kündigungsvollmacht durch den Arbeitgeber durch andere Weise bekannt gemacht worden ist.

Liegt keine dieser Ausnahmen vor, und liegt der Kündigung auch keine Originalvollmacht bei, so kann die Kündigung gem. § 174 BGB zurückgewiesen werden.[32] Allerdings muss diese Zurückweisung unverzüglich und schriftlich erfolgen.

Unverzüglich bedeutet dabei nicht sofort, sondern nur ohne schuldhaftes Zögern. Der bzw. dem Gekündigten steht damit ein Zeitraum zur Überlegung und Einholung von Rechtsrat zur Verfügung. Die Frist hängt vom Einzelfall ab, wobei eine Woche re-

[32] *Vgl. BAG, Urteil vom 8. Dezember 2011 zum Geschäftszeichen 6 AZR 354/10*

gelmäßig noch angemessen sein wird und drei Wochen zu lang sind. Weist der gekündigte Arbeitnehmer bzw. die gekündigte Arbeitnehmerin die Kündigung nicht persönlich zurück, sondern ihrer- bzw. seinerseits durch einen Vertreter, z. B. einen Rechtsanwalt, hat dieser dabei wiederum dem Arbeitgeber eine ihn legitimierende Originalvollmacht der Arbeitnehmerin bzw. des Arbeitnehmers als Vertretener bzw. Vertretenem vorzulegen. Erfolgt dies nicht, kann nunmehr der Arbeitgeber die Zurückweisung der Kündigung wegen fehlender Vollmachtsvorlage seinerseits unverzüglich zurückweisen.

Die Kündigung ist bei ordnungsgemäßer Zurückweisung unwirksam und muss ggf. wiederholt werden.

Nach § 174 Satz 2 BGB ist die Zurückweisung der Kündigung durch die Arbeitnehmerin bzw. den Arbeitnehmer ausgeschlossen, wenn der Arbeitgeber als Vollmachtgeber die Arbeitnehmerin bzw. den Arbeitnehmer von der Bevollmächtigung seiner Vertreterin bzw. seines Vertreters in Kenntnis gesetzt hatte. Dies ist beispielsweise der Fall, wenn der Arbeitgeber dem Arbeitnehmer mitgeteilt hat, ein bestimmter Vorgesetzter dürfe eine Kündigung aussprechen. Das kann sich auch aus den Umständen ergeben. Es gibt aber keinen Erfahrungssatz, dass die Befugnis zur Einstellung auch die Befugnis zur Entlassung mit umfasst.

Einer Mitteilung nach § 174 Satz 2 BGB steht es gleich, wenn die bzw. der Kündigungsberechtigte (Arbeitgeber) die Vertreterin bzw. den Vertreter in eine Stellung berufen hat, die üblicherweise mit einer Kündigungsvollmacht verbunden ist. Mit der Bestellung einer Personalleiterin bzw. eines Personalleiters hat der Arbeitgeber regelmäßig nach außen sichtbar die Bevollmächtigung zur Kündigung verknüpft. Die Kündigung durch die Leiterin bzw. den Leiter der Personalabteilung bedarf deshalb nicht der

Vorlage einer schriftlichen Vollmacht. Dies gilt auch dann, wenn diese oder dieser im Innenverhältnis, z. B. aufgrund einer internen Geschäftsordnung, bei der Ausübung der Kündigungsbefugnis beschränkt ist. Eine Sachbearbeiterin oder ein Referatsleiter innerhalb der Personalabteilung muss jedoch grundsätzlich eine Vollmachtsurkunde vorlegen bzw. der Kündigung beifügen.

Eine Prokuristin bzw. ein Prokurist muss keine Vollmacht vorlegen, wenn die Prokura im Handelsregister eingetragen und bekannt gemacht worden ist.

Vertretungszusätze
Unterzeichnet eine Vertreterin bzw. ein Vertreter die Kündigungserklärung, muss das Vertretungsverhältnis in der Urkunde deutlich zum Ausdruck kommen. Dies kann besonders durch einen entsprechenden Zusatz bei der Unterschrift erfolgen. Der Wille, als rechtsgeschäftlicher Vertreter zu handeln, wird klassischerweise durch den Zusatz „i. V." für „in Vertretung" zum Ausdruck gebracht. Für die Praxis empfiehlt sich, diesen Vertretungszusatz zu verwenden.

Die Verwendung des Zusatzes „i. A." für „im Auftrag" ist nicht problemlos. Denn nach der Rechtsprechung spricht der Zusatz „i. A." dafür, dass die Unterzeichnerin bzw. der Unterzeichner lediglich als Botin bzw. Bote gehandelt hat, und als solche bzw. solcher eine fremde Willenserklärung nur überbracht hat, ohne (wie ein Vertreter) die Verantwortung für den Inhalt des von ihr bzw. ihm unterzeichneten Kündigungsschreibens übernehmen zu wollen. Der Zusatz „i. V." hingegen deutet darauf hin, dass die bzw. der Erklärende selbst für den Vertretenen handelt und eine eigene Willenserklärung abgibt. Das BAG berücksichtigt jedoch den allgemeinen, nicht juristischen Sprachgebrauch, nach dem nicht immer hinreichend zwischen „Auftrag" und „Vertretung" unterschieden wird, und prüft deshalb bei einer mit dem Zusatz „i. A." versehenen Kündigung die Umstände im Einzelfall. Wenn sich ergibt, dass die Unterzeichnerin bzw. der Unterzeichner ersichtlich im Namen eines anderen die Kündigung erklärt hat, ist von einem Handeln als Vertreterin bzw. Vertreter auszugehen. Nur dann ist die Schriftform gewahrt.

Bei fehlender Vertretungsmacht:
Unwirksamkeit der Kündigung
Hat der Arbeitgeber (überhaupt) keine Bevollmächtigung erteilt, ist eine von einer Vertreterin bzw. einem Vertreter ohne Vertretungsmacht erklärte Kündigung nach § 180 Satz 1 BGB grundsätzlich unwirksam. Nur in dem Ausnahmefall des § 180 Satz 2 BGB (die Arbeitnehmerin bzw. der Arbeitnehmer beanstandet die fehlende Vollmacht nicht oder ist mit dem Fehlen einverstanden) kann der Arbeitgeber eine solche Kündigung nachträglich genehmigen und dadurch wirksam werden lassen. Liegt ein solcher Ausnahmefall nicht vor, kann die gekündigte Arbeitnehmerin bzw. der gekündigte Arbeitnehmer die Kündigung wegen fehlender Vertretungsmacht nach § 180 BGB zurückweisen und damit endgültig unwirksam machen.

Zeitpunkt der Kündigungserklärung

Kündigung vor Dienstantritt

Die Kündigung eines Arbeitsverhältnisses kann schon vor dem Zeitpunkt ausgesprochen werden, in dem die Arbeit aufgenommen werden soll. Möglich ist sowohl eine ordentliche als auch eine außerordentliche Kündigung. Die Kündigung ist unter den gleichen Voraussetzungen möglich wie nach Dienstantritt.

Zu welchem Zeitpunkt allerdings eine bereits vor dem vereinbarten Dienstantritt ausgesprochene ordentliche Kündigung den

Lauf der Kündigungsfrist in Gang setzt und zur Beendigung des Arbeitsvertrages führt, hängt nach der Rechtsprechung in erster Linie von der zwischen den Parteien getroffenen Vereinbarung ab. Lässt sich eine eindeutige Vereinbarung, ob die Kündigungsfrist bei ordentlicher Kündigung vor Dienstantritt bereits mit Zugang oder erst mit dem vereinbarten Beginn des Dienstantritts zu laufen beginnt, nicht ermitteln, kommt es nach dem BAG auf den mutmaßlichen Parteiwillen unter Berücksichtigung der beiderseitigen Interessenlage und der konkreten Umstände des Falls an. Die Länge der Kündigungsfrist und die Art der vorgesehenen Beschäftigung können dabei als Anhaltspunkte dafür angesehen werden, ob die Parteien durch eine vorzeitige Kündigung die Kündigungsfrist vor Vertragsbeginn in Lauf setzen wollten. War die kürzeste zulässige Kündigungsfrist vereinbart, kann angenommen werden, dass die Kündigungsfrist auch vor dem vereinbarten Dienstantritt mit Zugang der Kündigungserklärung zu laufen beginnt. Dasselbe gilt, wenn das Arbeitsverhältnis zunächst nur der Erprobung dient. Im Zweifel ist eine Kündigung vor Dienstantritt zulässig, wobei die Kündigungsfrist mangels anderer Anhaltspunkte ab Zugang der Kündigung und nicht erst ab Dienstantritt gerechnet wird.

Wichtig:
Das Recht zur ordentlichen (nicht zur außerordentlichen!) Kündigung vor Dienstantritt kann vertraglich ausgeschlossen sein bzw. werden.

Tipp!

Generellen Ausschluss vereinbaren
Es kommt hin und wieder vor, dass eine Stellenbewerberin bzw. ein Stellenbewerber nicht ernsthaft beabsichtigt, die Stelle tatsächlich anzutreten. Vielleicht will sie oder er eine Stellenzusage lediglich als Druckmittel benutzen, um beim alten Arbeitgeber bessere Konditionen zu erlangen. Beim potenziellen neuen Arbeitgeber wird aber eine Stellenzusage zur Absage der anderen Bewerberinnen und Bewerber führen. Das spricht dafür, generell im Arbeitsvertrag die ordentliche Kündigung vor Aufnahme einer Beschäftigung ausdrücklich auszuschließen. Damit verknüpft werden kann eine Vertragsstrafenregelung, wonach der, der eine Beschäftigung vertragswidrig nicht aufnimmt, eine Vertragsstrafe in Höhe des Bruttogehalts zu zahlen hat, das innerhalb der Kündigungsfrist (meist die spezielle Kündigungsfrist in der Probezeit) anfällt.

Das BAG hat Vertragsstrafenregelungen in Formulararbeitsverträgen ausdrücklich als zulässig erklärt, sofern sie hinreichend konkret formuliert sind und ihre Höhe nicht die Bruttovergütung übersteigt, die der Arbeitnehmerin bzw. dem Arbeitnehmer bei Einhaltung der Kündigungsfrist zu zahlen wäre. Bei der Formulierung muss darauf geachtet werden, dass bei einer vereinbarten Probezeit u. U. eine kurze Kündigungsfrist, insbesondere die nach dem BGB von 14 Tagen, gilt.

Kündigung zur Unzeit
Die Kündigung darf nicht zur Unzeit erfolgen. Zwar führt nicht allein der Zeitpunkt der Kündigung zur Unwirksamkeit. Hinzukommen müssen weitere Umstände, die zu einer Beeinträchtigung berechtigter Interessen der Arbeitnehmerin bzw. des Ar-

beitnehmers, insbesondere auf Achtung ihrer oder seiner Persönlichkeit, führen. Allein eine Kündigung am 24.12. oder eine Kündigung kurz vor der Beerdigung eines nahen Angehörigen stellen für sich genommen noch keine Kündigung zur Unzeit dar.

Aber: Kündigung nach Arbeitsunfall
Die Kündigung im Anschluss an einen schweren Arbeitsunfall, ausgehändigt am gleichen Tag im Krankenhaus kurz vor einer auf dem Unfall beruhenden Operation, erfolgt zur Unzeit und ist allein aus diesem Grund unwirksam.

2.2 Zugang der Kündigungserklärung

Die schriftliche Kündigungserklärung muss der Kündigungsempfängerin bzw. dem Kündigungsempfänger zugehen. Bei einer Arbeitgeberkündigung ist dies normalerweise die Mitarbeiterin bzw. der Mitarbeiter. Erst dann wird sie wirksam, und die Kündigungsfrist beginnt zu laufen. Im Streitfall muss der Arbeitgeber den Zugang der Kündigung beweisen. Diese Beweisbarkeit gilt es also sicherzustellen.

Ist die bzw. der Betroffene im Zeitpunkt des Zugangs der Kündigung minderjährig, muss hinsichtlich der als Kündigungsempfänger geeigneten Person unterschieden werden:

Geht es um die Kündigung eines Berufsausbildungsverhältnisses, kann die Kündigung nach § 131 Abs. 2 Satz 1 BGB nur gegenüber den gesetzlichen Vertretern erklärt werden, muss also diesen zugehen. Denn § 113 BGB, wonach Minderjährige bei Vorliegen einer Ermächtigung zur Begründung eines Arbeitsverhältnisses durch den gesetzlichen Vertreter die volle

Geschäftsfähigkeit für dessen Durchführung und Aufhebung erlangt, findet auf Berufsausbildungsverhältnisse wohl keine Anwendung, da es sich bei Ausbildungsverhältnissen nicht um Arbeitsverhältnisse handelt. Gesetzliche Vertreter sind beide Elternteile, jedoch lässt § 1629 Abs. 1 Satz 2 BGB die Erklärung gegenüber einem Elternteil genügen. Steht das alleinige Sorgerecht einem Elternteil zu oder wurde einem Elternteil die Entscheidung über den Abschluss, die Durchführung oder Beendigung des Berufsausbildungsverhältnisses nach § 1628 Abs. 1 BGB durch das Vormundschaftsgericht übertragen, muss die Kündigung gegenüber diesem Elternteil erklärt werden.

Geht es dagegen um die Kündigung eines Arbeitsverhältnisses, hat die Kündigung gegenüber der bzw. dem Minderjährigen selbst zu erfolgen, wenn diese bzw. dieser nach § 113 Abs. 1 BGB durch Ermächtigung der gesetzlichen Vertreter bezüglich des Arbeitsverhältnisses unbeschränkt geschäftsfähig ist. Eine Kündigung gegenüber den gesetzlichen Vertretern ist dann so lange wirkungslos, wie das Kündigungsschreiben nicht der bzw. dem Minderjährigen weitergereicht wurde. Liegt eine entsprechende Ermächtigung nicht vor, ist nach § 131 Abs. 1 BGB wie oben ausgeführt, gegenüber den gesetzlichen Vertretern zu kündigen.

Tipp!

Kündigung gegenüber Eltern und Minderjährigem

Die Kündigung einer bzw. eines Minderjährigen im Berufsausbildungsverhältnis sollte grundsätzlich gegenüber beiden Elternteilen erklärt werden. Die Kündigung einer bzw. eines Minderjährigen im Arbeitsverhältnis sollte grundsätzlich sowohl gegenüber beiden Elternteilen als auch gegenüber der bzw. dem Minderjährigen ausgesprochen werden, da dem Arbeitgeber nicht mit der erforderlichen Sicherheit bekannt sein wird, ob eine Ermächtigung i. S. d. § 113 Abs. 1 BGB vorliegt. Eine der Kündigungen wird dann jedenfalls wirksam zugegangen sein.

Kündigung einer bzw. eines Geschäftsunfähigen
Soll eine Kündigung gegenüber einer bzw. einem Geschäftsunfähigen abgegeben werden, ist es nicht ausreichend, wenn sie der bzw. dem Geschäftsunfähigen gegenüber erklärt wird und später zufällig dem gesetzlichen Vertreter (z. B. dem Betreuer eines Geschäftsunfähigen) zugeht. Erforderlich ist, dass die Kündigungserklärung von vornherein an die Vertreterin bzw. den Vertreter gerichtet oder zumindest für sie bzw. ihn bestimmt ist. Besteht daher die Gefahr, dass die zu kündigende Arbeitnehmerin bzw. der zu kündigende Arbeitnehmer z. B. aufgrund einer Krankheit geschäftsunfähig ist, muss der Arbeitgeber ermitteln, wer der gesetzliche Vertreter ist, und anschließend diesem die Kündigung zustellen.

Zugang bei Sprachbarrieren
Besondere Probleme des Zugangs können sich ergeben, wenn die Kündigungsempfängerin bzw. der Kündigungsempfänger der deutschen Sprache nicht mächtig ist. In diesen Fällen muss der Empfängerin bzw. dem Empfänger unter Umständen Zeit eingeräumt werden, um die Kündigung übersetzen zu lassen. Ist dem Arbeitgeber bekannt, dass die Arbeitnehmerin bzw. der Arbeitnehmer kein Deutsch versteht, empfiehlt es sich, die Kündigung auch in einer Übersetzung zu übergeben, insbesondere wenn sonst die Wahrung von Kündigungsfristen problematisch ist. Entsprechendes gilt bei Analphabetismus.

Zugang unter Anwesenden
Beim Zugang unterscheidet das Gesetz, ob die Kündigung einer bzw. einem Anwesenden oder einer bzw. einem Abwesenden erklärt werden soll.

Der sicherste Weg des Zugangs und der Beweisbarkeit ist die direkte Übergabe der Kündigungserklärung durch den Arbeitgeber an die Mitarbeiterin bzw. den Mitarbeiter. Dies ist die Kündigung unter Anwesenden. Es kommt dabei nicht darauf an, ob oder wann die Empfängerin bzw. der Empfänger das Kündigungsschreiben liest. Bei der direkten Übergabe geht die Kündigung sofort zu und wird damit wirksam.

Im besten Fall bestätigt die Mitarbeiterin bzw. der Mitarbeiter nach Übergabe den Empfang des Kündigungsschreibens auf einer Kopie durch Unterschrift (vgl. am Schluss dieses Kapitels 2.2: Muster einer ordentlichen Kündigung). Die Kündigung ist auch dann zugegangen, wenn die Arbeitnehmerin bzw. der Arbeitnehmer dem Arbeitgeber das Kündigungsschreiben zurückgibt. Bei grundloser Annahmeverweigerung muss sich die Arbeitnehmerin bzw. der Arbeitnehmer so behandeln lassen, als sei das Kündigungsschreiben im Zeitpunkt der Ablehnung zugegangen.

Tipp!

Beweise für den Zugang sichern
Zu Beweiszwecken empfiehlt sich für den Arbeitgeber, den Erhalt des Kündigungsschreibens von der Arbeitnehmerin bzw. dem Arbeitnehmer schriftlich bestätigen zu lassen. Dies sollte mit Datum und Unterschrift der Arbeitnehmerin bzw. des Arbeitnehmers auf einer Zweitschrift der Kündigungserklärung erfolgen, etwa durch den Zusatz „Kündigung erhalten" (Datum/Unterschrift).

Ein Anspruch auf Erteilung eines Empfangsbekenntnisses besteht jedoch nicht. Weigert sich die Arbeitnehmerin bzw. der Arbeitnehmer, den Empfang der Kündigung zu quittieren, sollte der Arbeitgeber einen gerichtsfesten Nachweis der Kündigung anderweitig sicherstellen, etwa durch Hinzuziehung von Zeugen. Die Zeugen müssen den Inhalt der Kündigungserklärung (und das Vorhandensein der erforderlichen Originalunterschrift) kennen, diese also vor Übergabe gelesen haben. Nur so können sie später auch vor Gericht darlegen, was der Arbeitgeber damals konkret an die Mitarbeiterin bzw. den Mitarbeiter übergeben hatte.

Im Idealfall bestätigen die Zeugen selbst den Zugang des Originalschreibens auf einer Kopie (z. B.: „Der Geschäftsführer Herr Meier hat am 1.2.2011 diese Erklärung eigenhändig unterschrieben und anschließend bei sich im Büro unter meiner Anwesenheit im Original an Herrn Müller übergeben.“). Möglich ist auch die Anfertigung einer entsprechenden Erinnerungsnotiz für sich selbst, so dass sie sich den Geschehensablauf vor einer etwaigen Zeugenaussage noch einmal ins Gedächtnis rufen können. Keine Zeugen in diesem Sinne sind der Geschäftsführer einer GmbH, der Vorstand einer Aktiengesellschaft, der Gesellschafter einer GbR oder OHG, der Komplementär einer KG, der Inhaber einer Einzelfirma. Die Übergabe sollte daher im Beisein eines sonstigen Dritten oder durch diesen sonstigen Dritten erfolgen.

Zugang unter Abwesenden

Wird eine Kündigung in Abwesenheit der Empfängerin bzw. des Empfängers abgegeben, wird sie in dem Zeitpunkt wirksam, in welchem sie ihr bzw. ihm zugeht. Das Risiko der (nachweisbaren) Übermittlung und Ankunft trägt die bzw. der Kündigende.

Einer bzw. einem Abwesenden ist die Kündigungserklärung zugegangen, wenn sie so in deren bzw. dessen Machtbereich gelangt, dass unter üblichen Verhältnissen damit zu rechnen ist, dass sie bzw. er von der Kündigungserklärung üblicherweise Kenntnis nehmen konnte. Ein in den Briefkasten geworfenes Kündigungsschreiben geht danach in dem Zeitpunkt zu, in dem der

Briefkasten normalerweise geleert wird. Wird das Schreiben erst erhebliche Zeit nach der allgemeinen Postzustellung in den Wohnungsbriefkasten geworfen (im entschiedenen Fall: gegen 16.30 Uhr), so geht die Kündigung nach bisheriger Rechtsprechung rechtlich erst am nächsten Tag zu. Da sonn- und feiertags keine Postzustellung erfolgt, gehen Kündigungen, die am Vortag eingeworfen werden, erst am Folgetag des Sonn- oder Feiertages zu.

Mit Blick auf die zunehmende Umstellung der Briefzustellungen auf private Postzusteller wird sich die Rechtssprechung hinsichtlich der Zustellung aber ggf. zukünftig ändern.

Tipp!

Rechtzeitige Vorbereitung der Kündigung
Wegen der vorgenannten Probleme beim Zugang sollte eine Kündigung einschließlich Betriebsratsanhörung so vorbereitet werden, dass sie spätestens am Tag vor dem Monatsletzten (ggf. Quartalsletzten etc.) persönlich am Arbeitsplatz oder am Wohnort der Arbeitnehmerin bzw. des Arbeitnehmers übergeben wird. Scheitert die persönliche Übergabe und muss das Kündigungsschreiben in den Hausbriefkasten geworfen werden, ist der Zugang am Folgetag noch gesichert. Auf Sonn- und Feiertage ist zu achten. Andernfalls führt der verspätete Zugang dazu, dass sich der Beendigungszeitpunkt des Arbeitsverhältnisses verschiebt.

Zugang bei Urlaub und Krankheit
Bei Urlaubsabwesenheit der Arbeitnehmerin bzw. des Arbeitnehmers kann ein an die Heimatanschrift gerichtetes Kündigungsschreiben grundsätzlich auch dann zugehen, wenn der Arbeitgeber Kenntnis von einer Ortsabwesenheit der Arbeitnehmerin bzw. des Arbeitnehmers hat. Dies gilt in aller Regel selbst dann, wenn die Arbeitnehmerin bzw. der Arbeitnehmer dem Ar-

beitgeber die Urlaubsanschrift mitgeteilt hat. Lediglich bei besonderen Umständen des Einzelfalles kann sich aus dem Grundsatz von Treu und Glauben etwas anderes ergeben. Die Arbeitnehmerin bzw. der Arbeitnehmer kann dann wegen der Urlaubsabwesenheit auch noch nach Ablauf der Drei-Wochen-Frist eine Kündigungsschutzklage erheben (§ 5 KSchG).

Eine Kündigung kann der Arbeitnehmerin bzw. dem Arbeitnehmer auch wirksam zugehen, während sie oder er arbeitsunfähig erkrankt ist.

Dritte Personen auf Empfängerseite

Stellvertreterin bzw. Stellvertreter

Auch beim Empfang einer Kündigungserklärung ist eine Vertretung durch andere Personen möglich; die Übergabe an einen bevollmächtigten Vertreter bzw. eine bevollmächtigte Vertreterin führt den Zugang unmittelbar herbei. Auf Arbeitnehmerseite kommt hier vor allem ein Rechtsanwalt bzw. eine Rechtsanwältin in Betracht, insbesondere wenn dieser bzw. diese eine Prozessvollmacht vorgelegt hat, die auch die Zuständigkeit für den Empfang von Erklärungen umfasst.

Empfangsbote

Im Übrigen wird zwischen Empfangsboten und bloßen Erklärungsboten unterschieden. Wird die Kündigung einem Empfangsboten der Arbeitnehmerin bzw. des Arbeitnehmers (z. B. Familienangehörige, Lebensgefährte, Hausangestellte) ausgehändigt, geht sie der Arbeitnehmerin bzw. dem Arbeitnehmer zu dem Zeitpunkt zu, in dem nach den gewöhnlichen Umständen mit der Weitergabe der Kündigung gerechnet werden kann. Wann dies der Fall ist, wird der Arbeitgeber nur schwer einschätzen können. Die Ehepartnerin bzw. der Ehepartner gilt als Empfangsbote, selbst wenn die Übergabe außerhalb der ehelichen

Wohnung, z. B. am Arbeitsplatz der Ehepartnerin bzw. des Ehepartners, vorgenommen wird. Es kommt für den Zeitpunkt des Zugangs dann darauf an, wann unter Zugrundelegung gewöhnlicher Verhältnisse die Möglichkeit der Kenntnisnahme besteht. Das kann auch noch am gleichen Tag der Fall sein. Lehnt ein Empfangsbote die Annahme eines Kündigungsschreibens ab, ist die Kündigung nicht zugegangen, außer die Ablehnung wurde von der bzw. dem zu Kündigenden absichtlich herbeigeführt.

Erklärungsbote

Wird das Kündigungsschreiben an Dritte ausgehändigt, die keine Empfangsvertreter oder Empfangsboten der Arbeitnehmerin bzw. des Arbeitnehmers sind (z. B. andere Hausbewohner, Nachbarn), gelten diese Personen als Erklärungsboten des Kündigenden. Dann kommt es darauf an, ob und wann diese Personen als „verlängerter Arm der bzw. des Kündigenden" die Kündigung so in den Machtbereich der Kündigungsempfängerin bzw. des Kündigungsempfängers gebracht haben, dass diese bzw. dieser von der Kündigungserklärung üblicherweise Kenntnis erlangen konnte. Bei Fehlern bei der Übermittlung der Kündigung ist die Kündigung nicht zugegangen.

Tipp!

Keine Übergabe an Mitbewohner

Da die bzw. der Kündigende sich nicht darauf verlassen kann, dass Personen, die die Wohnungstür der Arbeitnehmerin bzw. des Arbeitnehmers öffnen, tatsächlich als Empfangsvertreter oder Empfangsbote anzusehen sind, und die bzw. der Kündigende auch in der Regel nicht wissen kann, wann mit der Weitergabe an den Kündigungsempfänger zu rechnen ist, ist – selbst wenn diese „Mitbewohner" angeben, Familienangehörige, Lebensgefährten etc. zu sein – von einer Übergabe der Kündigung Abstand zu nehmen und dann den Zugang durch Einwurf in den Hausbriefkasten herbeizuführen.

Kündigung per Einschreiben
Der Postversand einer Kündigung durch einfachen Brief ist nicht empfehlenswert. Die bzw. der Kündigende erhält nämlich weder einen Nachweis für die Ein- noch für die Auslieferung des Briefs. Der Zugang kann so nicht bewiesen werden.

Beim Einwurfeinschreiben wird das Schreiben von der bzw. dem Postbediensteten in den Briefkasten der Empfängerin bzw. des Empfängers eingeworfen und geht damit zu. Zum Nachweis des Zugangs ist hierbei der Einlieferungsschein jedoch nicht geeignet, den die Absenderin bzw. der Absender bei Aufgabe des Schreibens erhält. Dieser belegt lediglich die Einlieferung bei der Post und ermöglicht eine Sendeverfolgung (online).

Der Zugang des Kündigungsschreibens bei der Adressatin bzw. dem Adressaten kann durch Anforderung eines Auslieferungsbelegs dokumentiert werden, das die Absenderin bzw. der Absender bei der Post erhält. Auf dem Auslieferungsschein sind Datum und Uhrzeit der Zustellung durch den Zusteller vermerkt. Dieser Beleg wird elektronisch erstellt und der Absenderin bzw. dem Absender übersandt.

Auch dieser Auslieferungsbeleg allein reicht jedoch dann nicht als Zugangsnachweis aus, wenn im gerichtlichen Verfahren der Zugang des Kündigungsschreibens bestritten wird. Hintergrund ist, dass die Zivilprozessordnung (ZPO) für den so genannten Urkundsbeweis durch Privaturkunden (die Post gehört nicht mehr zum öffentlichen Dienst) eine eigenhändige Unterschrift verlangt. Deshalb kann auf Antrag der Absenderin bzw. des Absenders bei dem Postzustellerdienst der verantwortliche Postzusteller ermittelt und als Zeuge benannt werden. Ob dieser Zusteller sich dann noch konkret an die streitige Zustellung erinnert, ist jedoch unsicher.

Tipp!

Um der Arbeitnehmerin bzw. dem Arbeitnehmer die Behauptung abzuschneiden, sie oder er hätte bloß einen leeren Briefumschlag erhalten, ist darauf zu achten, dass Zeugen beweisen können, dass erstens das unterschriebene Kündigungsschreiben in den Briefumschlag gesteckt wurde und zweitens dann genau dieser Brief unter der vorgelegten Einlieferungsnummer aufgegeben wurde. Eine lückenlose Beweiskette ist zu sichern.

Achtung!

Fehlender Einfluss auf die Zustellung beim Einwurfeinschreiben

Der Erfolg der rechtzeitigen Zustellung eines Einwurfeinschreibens hängt von der Zuverlässigkeit und der Bearbeitungsgeschwindigkeit der Post ab. Ist der Zugang der Kündigung unverzüglich zu bewirken, etwa bei einer außerordentlichen Kündigung zur Einhaltung der zweiwöchigen Ausschlussfrist nach § 626 Abs. 2 BGB oder bei der ordentlichen Kündigung, um den Zugang noch im aktuellen Monat zu sichern, sollte vom Einwurfeinschreiben Abstand genommen und vorzugsweise eine Mitarbeiterin bzw. ein Mitarbeiter des Unternehmens oder erforderlichenfalls ein privater Botendienst beauftragt werden.

Übergabeeinschreiben

Beim Übergabeeinschreiben wirft die Postbotin bzw. der Postbote das Schreiben nicht in den Briefkasten der Empfängerin bzw. des Empfängers ein, sondern händigt es dieser bzw. diesem oder einer bzw. einem empfangsbereiten Dritten im Empfängerhaushalt gegen Unterschrift auf dem Auslieferungsschein aus. In der Variante „eigenhändig" wird es ausschließlich der Empfängerin bzw. dem Empfänger oder einem besonders Bevollmächtigten ausgehändigt. Es geht zu, wenn es vom Zusteller der Empfängerin bzw. dem Empfänger tatsächlich ausgehändigt wird. Bei Zustellung an eine bloß empfangsbereite Person im Haushalt der Empfängerin bzw. des Empfängers kommt es auf den Zeitpunkt der voraussichtlichen (gewöhnlichen) Kenntnisnahme an.

Trifft die Zustellerin bzw. der Zusteller niemanden an, lässt sie oder er lediglich einen Benachrichtigungsschein im Briefkasten zurück, nicht jedoch die Kündigung selbst. Der Zugang der Kündigung erfolgt dann erst, wenn das Einschreiben tatsächlich bei der Post abgeholt wird. Der Zugang der Kündigung kann sich dadurch erheblich verzögern bzw. absichtlich verzögert werden. Das Datum der Abholung ist auf dem Auslieferungsbeleg vermerkt, der online abgefragt werden kann.

Wird das Einschreiben jedoch nicht abgeholt, wird es an die Absenderin bzw. den Absender zurückgesandt, die bzw. der dann unverzüglich einen erneuten Zustellversuch unternehmen muss, um den Zugang zu veranlassen. Aufgrund der wiederholten Versendung und des zusätzlichen Zeitaufwands können dann wichtige Fristen bereits abgelaufen sein. Das Übergabeeinschreiben stellt vor diesem Hintergrund keine verlässliche Möglichkeit zur rechtssicheren und fristwahrenden Kündigung dar.

Einschreiben mit Rückschein
Beim Einschreiben mit Rückschein übergibt die Postbotin bzw. der Postbote das Schreiben der Empfängerin bzw. dem Empfänger (oder einem empfangsbereiten Dritten, sofern nicht die Variante „eigenhändig" gewählt wird) gegen Unterschrift auf dem

Rückschein und sendet den Rückschein wieder an die Absenderin bzw. den Absender. Soweit die Zustellerin bzw. der Zusteller niemanden erreicht, lässt sie bzw. er wie beim Übergabeeinschreiben lediglich einen Benachrichtigungsschein im Briefkasten zurück.

Das Einschreiben mit Rückschein unterliegt im Wesentlichen denselben rechtlichen Schwierigkeiten wie das Übergabeeinschreiben. Selbst wenn die Absenderin bzw. der Absender den von der Empfängerin bzw. dem Empfänger eigenhändig unterschriebenen Rückschein zurückerhält. In einem Gerichtsverfahren beweist dieser Rückschein grundsätzlich nur, dass der Empfängerin bzw. dem Empfänger zu einem bestimmten Zeitpunkt „irgendetwas" auf dem Postweg zugegangen ist. Sie bzw. er hat aber ggf. näher darzulegen, was sie oder er erhalten hat oder erhalten haben will.

Der Rückschein beweist nicht, dass die Empfängerin bzw. der Empfänger tatsächlich ein bestimmtes Schreiben erhalten hat. Das vermindert den Beweiswert eines Einschreibens für ein Gerichtsverfahren. Der Nachweis, dass sich in dem Briefkuvert die original unterschriebene Kündigung der Versenderin bzw. des Versenders befand, lässt sich im Bestreitensfall nur durch Zeugen beweisen, die zunächst Kenntnis von dem Inhalt des Schreibens genommen haben, beim Kuvertieren dabei waren und die Sendung dann noch selbst zur Post aufgegeben haben.

Auch das Einschreiben mit Rückschein gewährleistet damit allein keinen rechtssicheren Zugangsnachweis.

Zustellung durch Boten

Die bzw. der Kündigende kann die Kündigung zudem per Boten überbringen lassen. Dies geschieht in der Praxis häufig und stellt bei Beachtung der nachfolgenden Punkte einen sehr sicheren Zustellweg dar.

Bote kann (wie oben bei den geeigneten Zeugen) z. B. eine andere Arbeitnehmerin oder ein anderer Arbeitnehmer oder auch ein Botendienst sein, die bzw. der die Kündigungserklärung an die Kündigungsempfängerin bzw. den Kündigungsempfänger dann außerhalb des Betriebes (Wohnung etc.) übergibt.

Tipp!

Geeignete Boten
Geeignete Boten sind auch Mitarbeiterinnen und Mitarbeiter des eigenen Unternehmens, die klar instruiert werden und erforderlichenfalls später als Zeugen zu vernehmen sind. Bei kommerziellen Botendiensten besteht durch die Standardisierung der Zustellprozesse oft die Schwierigkeit, die hier erörterten Besonderheiten bei der Zustellung zu berücksichtigen.

Achtung!

Partei kann nicht Zeuge sein
Der Geschäftsführer einer GmbH, der Vorstand einer Aktiengesellschaft, der Gesellschafter einer GbR oder OHG, der Komplementär einer KG oder der Inhaber einer Einzelfirma sollte nicht selbst (zumindest nicht allein) die Aufgabe des Boten übernehmen. Denn im Kündigungsschutzverfahren sind diese Personen die Partei des Rechtsstreits, sodass sie nicht als Zeugen gehört werden können.

Auch der Bote sollte – wie oben der Zeuge – im Vorhinein Kenntnis vom Inhalt des Schreibens genommen haben. Wie bei der direkten Übergabe sollte der Zugang durch die Mitarbeiterin bzw.

den Mitarbeiter auf einer Kopie der Kündigungserklärung quittiert werden. Wird dies verweigert, sollte der Bote zur Vermeidung späterer Beweisprobleme bzw. Erinnerungslücken des Boten als Zeuge vor Gericht, selbst den Zugang des Originalschreibens auf einer Kopie bestätigen (z. B.: „Ich habe diese Erklärung – versehen mit einer Originalunterschrift von Herrn Meier – im Original am 1.2.2011 an Herrn Müller übergeben.“) oder ein vorgegebenes Formular ausfüllen, worin dieser Datum, Uhrzeit, Ort und Art der Zustellung (z. B. Einwurf in Briefkasten) vermerkt und durch seine Unterschrift bestätigt. Auch die Tatsache der vorhandenen Originalunterschrift sollte der Bote im Formular vermerken.[33]

Der Bote kann die Kündigungserklärung z. B. bei Urlaubsabwesenheit oder Krankheit der Kündigungsempfängerin bzw. des Kündigungsempfängers auch in deren bzw. dessen Briefkasten einwerfen. Die Kündigungserklärung gilt dann von dem Zeitpunkt an als zugegangen, in dem üblicherweise mit der Leerung des Briefkastens durch die Kündigungsempfängerin bzw. den Kündigungsempfänger zu rechnen ist.

Zustellung durch Gerichtsvollzieher

Mit der Vermittlung der Kündigung kann schließlich ein Gerichtsvollzieher beauftragt werden, der die Zustellung nach den Vorschriften der Zivilprozessordnung (ZPO) bewirkt. Dazu muss die Versenderin bzw. der Versender dem Gerichtsvollzieher das zuzustellende Kündigungsschreiben im Original übergeben oder mit der Aufforderung übersenden, das Schriftstück nach § 132 BGB, §§ 192 ff. ZPO an die Empfängerin bzw. den Empfänger zuzustellen.

Der Gerichtsvollzieher übergibt das Schreiben der Adressatin bzw. dem Adressaten. Wird diese bzw. dieser nicht angetroffen,

[33] *Vgl. Liebers, Formularbuch des Fachanwalts Arbeitsrecht, 1. Auflage 2011, J. II. 2, Rn. 48*

kann der Gerichtsvollzieher eine Ersatzzustellung an geeignete Dritte in der Wohnung der Adressatin bzw. des Adressaten bewirken oder das Schreiben in den Briefkasten der Empfängerin bzw. des Empfängers einlegen. Auf der Zustellungsurkunde vermerkt der Gerichtsvollzieher Datum, Uhrzeit und Ort der Zustellung sowie die Person der Empfängerin bzw. des Empfängers. Die Zustellungsurkunde selbst erhält anschließend die Versenderin bzw. der Versender zurück. Hiermit kann der Gerichtsvollzieher auch die Post beauftragen, die dann die Zustellung entsprechend vollzieht.

Bei dieser förmlichen Zustellung handelt es sich um ein rechtssicheres, jedoch in der Praxis kaum bekanntes und wenig genutztes Verfahren. Ein wesentlicher Vorteil liegt darin, dass die Versenderin bzw. der Versender die (Post-)Zustellungsurkunde im gerichtlichen Verfahren als öffentliche Urkunde einführen kann. Dieser kommt nach § 418 ZPO eine erhöhte Beweiskraft im Vergleich zu anderen Belegen zu. Zusätzlich kann auch der Gerichtsvollzieher als Zeuge benannt werden. Dieses Zustellungsverfahren sichert den Zugang der Kündigung unabhängig von einem möglichen Verhalten der Empfängerin bzw. des Empfängers. Insbesondere bei zu erwartenden Schwierigkeiten bei der Zustellung (befürchtete Zugangsvereitelung etc.) sollte ggf. auf diese Zustellmöglichkeit zurückgegriffen werden.

Ein Nachteil dieser Zustellung ist der Mehraufwand durch die Einhaltung der Vorgaben bei der Beauftragung des Gerichtsvollziehers sowie der für die behördliche Zustellung anfallende Zeitaufwand (regelmäßig zehn bis 20 Tage) und damit ggf. einhergehende Verlängerungen von Kündigungsfristen. Die Kosten für die Zustellung richten sich nach dem Kostenverzeichnis zum Gerichtsvollzieherkostengesetz.

Tipp!

Ermittlung der neuen Wohnanschrift
Hat die Arbeitnehmerin bzw. der Arbeitnehmer dem Arbeitgeber die neue Wohnanschrift nicht mitgeteilt, kann eine Einwohnermeldeamtsanfrage (EMA) gegen Zahlung einer geringen Gebühr (ca. 10 Euro) hilfreich sein.

Zugangsvereitelung
Verweigert eine Empfängerin bzw. ein Empfänger grundlos die Annahme des Schreibens oder vereitelt sie bzw. er entgegen Treu und Glauben den Zugang einer Kündigung, muss sie oder er sich nach § 162 BGB bzw. § 242 BGB so behandeln lassen, als sei die Kündigung dennoch zugestellt worden.

Vereitelung durch die Arbeitnehmerin bzw. den Arbeitnehmer
Die Empfängerin bzw. der Empfänger einer Kündigung kann sich nach Treu und Glauben nicht auf einen verspäteten Zugang der Kündigung berufen, wenn sie bzw. er die Verzögerung des Zugangs selbst herbeigeführt und zu vertreten hat. Die Empfängerin bzw. der Empfänger muss sich dann so behandeln lassen, als habe die bzw. der Kündigende die entsprechenden Fristen gewahrt. Dies gilt allerdings nur in dem Fall, sofern die bzw. der Kündigende alles Erforderliche und ihr bzw. ihm Zumutbare versucht hat, damit die Kündigung die Empfängerin bzw. den Empfänger erreicht.

In einem Fall hat das BAG eine solche Vereitelung angenommen, weil der Arbeitgeber durch den Arbeitnehmer während des gesamten Arbeitsverhältnisses über die richtige Anschrift des Arbeitnehmers im Ungewissen gelassen worden war. Nachdem der Arbeitnehmer von der bevorstehenden Kündigung erfahren hatte, gab er erneut eine Wohnung an, in der er persönlich und postalisch nicht mehr erreichbar war. Aus diesem Grund konnte die Zustellung des Kündigungsschreibens nicht mehr in der Probezeit erfolgen.

Annahmeverweigerung durch Empfangsboten
Als nicht zurechenbare Annahmeverweigerung hat das BAG den Fall gewertet, dass die Mutter einer zu kündigenden Arbeitnehmerin die Annahme des eingeschriebenen Kündigungsbriefes verweigert hatte. Die Vorinstanz hatte dagegen den Zugang des Schreibens mit dem Tag der Annahmeverweigerung angenommen. Das BAG führte aus:

Zwar sei die im selben Haus wohnende Mutter berechtigt, eine Willenserklärung und auch einen eingeschriebenen Brief anzunehmen, jedoch könne die Annahmeverweigerung der Empfängerin nur dann zugerechnet werden, wenn diese darauf in erkennbarer Form hingewirkt habe.

Nur bei einem Nachweis der Einflussnahme muss also die Empfängerin bzw. der Empfänger die Kündigung als zugegangen gegen sich gelten lassen. Ein solcher Nachweis dürfte den Versendern jedoch regelmäßig nicht möglich sein.

Checklisten für den sicheren Zugang von Kündigungen

Arbeitnehmer/in befindet sich nicht im Betrieb

Ein Bote (Mitarbeiterin bzw. Mitarbeiter des Unternehmens (= Zeuge), der nicht Geschäftsführer/Vorstand/GbR- oder OHG-Gesellschafter/ Komplementär/Inhaber ist, sucht die Arbeitnehmerin bzw. den Arbeitnehmer an seinem Wohnsitz auf. Trifft er diese bzw. diesen an, übergibt er offen (ohne Umschlag) das unterschriebene Kündigungsschreiben und bittet um Empfangsbestätigung auf der Kopie.

Lehnt die Arbeitnehmerin bzw. der Arbeitnehmer die Bestätigung des Empfangs ab, notiert der Zeuge die Übergabe auf der Kopie (Datum, Uhrzeit, Ort der Übergabe, Name, Unterschrift)

Öffnet die Arbeitnehmerin bzw. der Arbeitnehmer nicht die Tür ODER wird sie bzw. er nicht persönlich angetroffen ODER verweigert sie bzw. er die Annahme des Kündigungsschreibens, steckt der Bote das Originalkündigungsschreiben in einen Umschlag und wirft diesen in den Briefkasten der Arbeitnehmerin bzw. des Arbeitnehmers. Auf der Kopie notiert er den Vorgang (Datum, Uhrzeit, Ort des Einwurfs, Name, Unterschrift).

Arbeitnehmer/in befindet sich im Betrieb

Persönliche und offene (ohne Kuvert) Übergabe des unterschriebenen Kündigungsschreibens gegen Bestätigung des Empfangs durch die Arbeitnehmerin bzw. den Arbeitnehmer auf einer Kopie der Kündigung;

Übergabe erfolgt durch oder im Beisein einer anderen Mitarbeiterin bzw. eines anderen Mitarbeiters des Unternehmens (= Zeuge), die bzw. der nicht Geschäfts-führer/Vorstand/GbR- oder OHG-Gesellschafter/ Komplementär/Inhaber ist.

Lehnt die Arbeitnehmerin bzw. der Arbeitnehmer die Bestätigung des Empfangs ab, notiert der Zeuge die Übergabe auf der Kopie (Datum, Uhrzeit, Ort der Übergabe, Name, Unterschrift).

Muster: Ordentliche Kündigung

>Briefkopf<

Kündigung des Arbeitsverhältnisses

Sehr geehrte(r) Frau/Herr __________,

hiermit kündigen wir das zwischen uns bestehende Arbeitsverhältnis zum _______, hilfsweise zum nächst zulässigen Termin.

Ihre Arbeitspapiere sowie ein Zeugnis werden wir Ihnen auf Wunsch ebenfalls zum Ende des Beschäftigungsverhältnisses aushändigen. Sofern Sie bereits vorher ein Zwischenzeugnis benötigen, bitten wir um eine kurze Benachrichtigung Ihrerseits.

Wir weisen Sie darauf hin, dass Sie verpflichtet sind, sich persönlich bei der Agentur für Arbeit arbeitsuchend zu melden. Dies muss mindestens drei Monate vor Beendigung des Arbeitsverhältnisses, bzw., wenn die Kündigungsfrist kürzer ist, innerhalb von drei Tagen nach Zugang dieser Kündigung geschehen. Versäumen Sie diese Frist, müssen Sie mit Nachteilen beim Bezug von Arbeitslosengeld rechnen. Zudem weisen wir Sie darauf hin, dass Sie eigene Aktivitäten bei der Suche nach einer anderen Beschäftigung entfalten müssen.

Der Betriebsrat wurde ordnungsgemäß zur Kündigung angehört. Er hat der Kündigung nicht widersprochen.

Für Ihre weitere berufliche Zukunft wünschen wir Ihnen alles Gute.

Mit freundlichen Grüßen
Unterschrift Neumann
Neumann
Geschäftsführer

Empfangsbestätigung

Hiermit bestätige ich, dass vorstehende Schreiben am ________ erhalten zu haben.

____
Unterschrift Mitarbeiter

Der Hinweis, dass der Betriebsrat beteiligt wurde, ist in die Kündigung nur aufzunehmen, sofern in dem Betrieb des Arbeitgebers ein Betriebsrat eingerichtet ist.

Dies sollte aus taktischen Gründen allerdings nur dann aufgenommen werden, wenn eine Zustimmung oder zumindest kein Widerspruch (durch Verstreichenlassen der Äußerungsfrist) des Betriebsrates zur Kündigung vorliegt.

Optional kann noch der Hinweis erfolgen, dass

- das Eigentum des Arbeitgebers zurückzugeben ist:

  Bitte übergeben Sie spätestens an Ihrem letzten Arbeitstag die in Ihrem Besitz befindlichen Firmengegenstände und Arbeitsunterlagen [diese ggf. konkret nennen].

- die Gewährung des Resturlaubs und/oder die Freistellung von der Arbeitspflicht:

  Den noch bestehenden Erholungsurlaub gewähren wir Ihnen zusammenhängend ab dem ___________. Anschließend stellen wir Sie bis zum Ende der Kündigungsfrist widerruflich von Ihrer Pflicht zur Arbeitsleistung frei.

2.3 Kündigungsfrist

Ordentliche Kündigung: Kündigungsfristen

Gesetze, Vorschriften und Rechtsprechung
Die gesetzlichen Kündigungsfristen finden sich in § 622 BGB; für tarifvertragliche und arbeitsvertragliche Fristen sind die ent-

sprechenden Verträge zu untersuchen. Hinsichtlich aktueller Gerichtsentscheidungen ist auf das Urteil des EuGH vom 19. Januar 2010, C-555/07 (Kücükdeveci) sowie die Folgeentscheidungen des BAG zur Unwirksamkeit des § 622 Abs. 2 Satz 2 BGB (Nichtberücksichtigung der Beschäftigungszeiten vor Vollendung des 25. Lebensjahres) hinzuweisen.

Die gesetzlichen Kündigungsfristen

Nach § 622 Abs. 1 BGB kann das Arbeitsverhältnis einer Arbeitnehmerin bzw. eines Arbeitnehmers mit einer Frist von 4 Wochen zum Monatsende oder zum 15. eines Kalendermonats gekündigt werden. Diese Grundkündigungsfrist verlängert sich für eine vom Arbeitgeber ausgesprochene Kündigung nach § 622 Abs. 2 BGB abhängig von der Beschäftigungsdauer der Arbeitnehmerin bzw. des Arbeitnehmers wie folgt:

2 Jahre und mehr	1 Monat zum Monatsende
5 Jahre und mehr	2 Monate zum Monatsende
8 Jahre und mehr	3 Monate zum Monatsende
10 Jahre und mehr	4 Monate zum Monatsende
12 Jahre und mehr	5 Monate zum Monatsende
15 Jahre und mehr	6 Monate zum Monatsende
20 Jahre und mehr	7 Monate zum Monatsende

Der Beginn des rechtlichen Bestandes des Arbeitsverhältnisses (also ab wann arbeitsvertraglich das Arbeitsverhältnis losgeht) ist dabei auch für den Beginn der Beschäftigungsdauer maßgeblich. Für die Berechnung der Beschäftigungsdauer kommt es dann auf den Zeitpunkt des Zugangs der Kündigung bei der Mitarbeiterin bzw. dem Mitarbeiter und nicht auf den Ablaufzeitpunkt der Kündigungsfrist an.[34] Die Dauer der Kündigungsfrist wird also nicht mitgerechnet.

[34] *Vgl. Schaub, Arbeitsrechtshandbuch, 14. Auflage 2011, § 126 Rn. 20, 21*

Zu beachten ist, dass die verlängerte gesetzliche Mindestkündigungsfrist nach der gesetzlichen Konzeption nur für Kündigungen gilt, die der Arbeitgeber ausspricht. Die Arbeitnehmerin bzw. der Arbeitnehmer kann das Arbeitsverhältnis auch bei längerer Beschäftigungsdauer nach § 622 Abs. 1 BGB mit der kurzen Grundkündigungsfrist von vier Wochen zum Monatsende oder zum 15. eines Kalendermonats kündigen, wenn im Arbeitsvertrag oder in einem maßgeblichen Tarifvertrag nichts anderes vereinbart ist. Oft ist deshalb vertraglich geregelt, dass die verlängerten Fristen von beiden Seiten einzuhalten sind.

Beschäftigungszeiten vor dem 25. Lebensjahr

§ 622 Abs. 2 Satz 2 BGB sieht derzeit noch vor, dass Beschäftigungszeiten vor dem 25. Lebensjahr bei der Berechnung der Dauer der Betriebszugehörigkeit nicht mitzuzählen sind. Die Vorschrift ist allerdings nach der Entscheidung des EuGH vom 19. Januar 2010 wegen Verstoßes gegen das Verbot der Ungleichbehandlung aufgrund des Alters europarechtswidrig und darf von den deutschen Gerichten nicht mehr angewendet werden. Dem hat sich auch das BAG angeschlossen.

Somit sind sämtliche Beschäftigungszeiten für die Berechnung der Kündigungsfrist heranzuziehen.

Auch Beschäftigungszeiten während vorangegangener Ausbildungsverhältnisse sind für die Berechnung der Kündigungsfrist zu berücksichtigen.

Berechnung von Fristbeginn und Fristende

Beginn und Ende der Kündigungsfrist sind nach Maßgabe von §§ 187 ff. BGB zu berechnen. Der Fristbeginn richtet sich nach § 187 Abs. 1 BGB, d. h. der Zugangstag der Kündigung zählt für Beginn der Frist nicht mit. Das Fristende, also der Kündigungstermin, ist regelmäßig der Ablauf des 15. bzw. des letzten Tages im Monat, sodass sich eine Berechnung erübrigt. Steht das Fristende jedoch nicht derart fest (z. B. bei einer nur nach Wochen bestimmten Frist etwa in der Probezeit oder bei einem Aushilfsverhältnis), endet die Kündigungsfrist nach § 188 Abs. 2, 1. Alt. BGB mit dem Ablauf desjenigen Tages der letzten Woche oder des letzten Monats, welcher durch seine Benennung oder seine Zahl dem Tage entspricht, in den das Ereignis oder der Zeitpunkt fällt, d. h., es kann „tagegenau" gekündigt werden.

> *Beispiel:*
> ***Zugangs- und Kündigungstermin bei Probezeitkündigung***
> *Die Probezeitkündigung geht am Mittwoch, dem 1.3., zu. Damit endet eine zweiwöchige Kündigungsfrist mit Ablauf des Mittwochs, des 15.3., des letzten Tages des Arbeitsverhältnisses.*

Das Fristende verschiebt sich auch dann nicht nach hinten, wenn es auf einen Samstag, Sonntag oder gesetzlichen Feiertag fällt. § 193 BGB ist auf Kündigungsfristen weder unmittelbar noch analog anwendbar.[35] Eine Verlängerung bis zum nächsten Werktag findet nicht statt.

Kündigungsfrist während der Probezeit

Ist vertraglich eine „Probezeit" vereinbart, hat dies zur Folge, dass die gesetzliche Mindestkündigungsfrist nach § 622 Abs. 3 BGB auf zwei Wochen verkürzt ist und ein bestimmter Kündigungstermin („zum …") nicht zu beachten ist. Für die kurze Kündigungsfrist kommt es allein darauf an, dass die Kündigung noch während der Probezeit ausgesprochen wird und der Arbeitnehmerin bzw. dem Arbeitnehmer zugeht. Das Arbeitsverhältnis kann dann auch nach der Probezeit und nicht notwendigerweise zur Monatsmitte oder zum Monatsende auslaufen. Der tatsächliche Beendigungszeitpunkt kann damit außerhalb der Probezeit liegen.

[35] *Vgl. Schaub, Arbeitsrechtshandbuch, 14. Auflage 2011, § 126 Rn. 24*

Es ist stets zulässig, als Probezeit sechs Monate zu vereinbaren. Wird eine kürzere Probezeit vereinbart, etwa nur drei Monate, steht die kurze Probezeitkündigungsfrist auch nur so lange zur Verfügung.

Oft wird dabei nicht gesehen, dass der allgemeine Kündigungsschutz nach dem Kündigungsschutzgesetz erst nach Ablauf der sechsmonatigen „Wartezeit" aus § 1 Abs. 1 KSchG eingreift. Dies gilt grundsätzlich auch, wenn eine kürzere als die sechsmonatige Probezeit vereinbart ist, sofern dies nicht im Einzelfall als Verzicht des Arbeitgebers auf die kündigungsschutzrechtliche Wartezeit zu werten ist. Letzteres muss sich aber deutlich ergeben. Die Arbeitnehmerin bzw. der Arbeitnehmer hat im Streitfall die Darlegungs- und Beweislast. In der Praxis kommt es selten vor, dass ein Arbeitgeber auf die sechsmonatige Wartezeit des § 1 Abs. 1 KSchG verzichtet. Dies wird etwa in Betracht kommen, wenn unklar ist, ob in Wirklichkeit ein Betriebsübergang nach § 613a BGB vorliegt, und der Arbeitgeber vermeiden will, dass die Arbeitnehmerin bzw. der Arbeitnehmer dies gerichtlich klären lässt.

Im Extremfall kann noch am letzten Tag der Probezeit ohne Kündigungsschutz und mit kurzer Frist gekündigt werden, wenn der Zugang an diesem Tag gewährleistet ist und ein bestehender Betriebs-/Personalrat zuvor ordnungsgemäß beteiligt worden ist.

Zu beachten ist, dass die gesetzliche Kündigungsfrist von zwei Wochen während der Probezeit nicht vertraglich festgehalten werden muss. Ausreichend ist es, wenn eine „Probezeit" vereinbart wird oder wenn sich ein Probearbeitsverhältnis aus einer maßgeblichen tariflichen Regelung ergibt. Das Probearbeitsverhältnis hat dann zur Folge, dass die Kündigungsfrist sich nach § 622 Abs. 3 BGB auf zwei Wochen bzw. auf die tariflich für die

Probezeit geltende Kündigungsfrist verkürzt. Dies gilt allerdings dann nicht, wenn im Arbeitsvertrag eine verlängerte Kündigungsfrist für die Probezeit, z. B. zwei Monate, vereinbart wird. Maßgeblich ist dann die vertraglich vereinbarte Kündigungsfrist.

Fehlt eine Probezeitvereinbarung im Arbeits- bzw. Tarifvertrag, beträgt die gesetzliche Kündigungsfrist von Anfang an nach § 622 Abs. 1 BGB vier Wochen zum 15. oder Monatsende. Die zweiwöchige Kündigungsfrist in der Probezeit ist – wie auch die anderen gesetzlichen Kündigungsfristen – eine bloße Mindestfrist. Der Arbeitgeber kann freiwillig auch mit einer längeren Frist kündigen.

Tipp!

Verlängerung der Probezeit
Eine einseitige „Verlängerung der Probezeit" in dem Sinne, dass die Wartezeit des § 1 Abs. 1 KSchG verlängert wird und der Kündigungsschutz erst später einsetzt, ist nicht möglich. Der Arbeitgeber kann jedoch am letzten Tag der vereinbarten Probezeit mit verlängerter Kündigungsfrist (z. B. vier Monate) kündigen und der Arbeitnehmerin bzw. dem Arbeitnehmer die Wiedereinstellung bei Bewährung zusagen. Die Arbeitnehmerin bzw. der Arbeitnehmer kann auf diese Weise vier Monate länger erprobt werden.

Kündigungsfrist im Aushilfsarbeitsverhältnis
Bei Arbeitnehmerinnen und Arbeitnehmern, die vorübergehend zur Aushilfe eingestellt werden, gilt die Sonderregelung nach § 622 Abs. 5 Nr. 1 BGB. Mit diesen Aushilfsarbeitnehmern können für die ersten drei Monate des Arbeitsverhältnisses Kündigungsfristen vereinbart werden, die die Mindestkündigungsfrist von zwei Wochen während der Probezeit unterschreiten. Verein-

bart werden kann beispielsweise eine Kündigungsfrist von einer Woche, möglich ist jedoch auch eine Kündigungsfrist von einem Tag. Voraussetzung für die Befugnis, eine kürzere Frist als zwei Wochen im Arbeitsvertrag vereinbaren zu können, ist jedoch, dass es sich bei dem Beschäftigungsverhältnis um ein vorübergehendes Aushilfsarbeitsverhältnis handelt. Eine vorübergehende Aushilfe liegt dann vor, wenn mit der Einstellung des Arbeitsverhältnisses ein nicht dauerhafter Mehrbedarf an Arbeitskräften gedeckt werden soll. Ein solcher vorübergehender Mehrbedarf kann durch den Ausfall von regulären Arbeitskräften durch Krankheit oder Urlaub entstehen oder bei einem kurzfristigen zusätzlichen Beschäftigungsbedarf auftreten, beispielsweise bei Ernteeinsatz in der Landwirtschaft oder im Einzelhandel vor Weihnachten. Die Beschäftigung zur vorübergehenden Aushilfe muss aus dem Arbeitsvertrag aber deutlich hervorgehen.[36]

Kündigungsfrist im Kleinunternehmen

In kleinen Unternehmen mit in der Regel nicht mehr als 20 Arbeitnehmerinnen und Arbeitnehmern kann nach § 622 Abs. 5 Satz 1 Nr. 2 BGB abweichend von der Grundkündigungsfrist von vier Wochen zum Monatsende oder zum 15. eines Monats eine Kündigungsfrist von vier Wochen ohne Bindung an einen bestimmten Endtermin vereinbart werden.

Zu beachten ist, dass die Verkürzung der Mindestkündigungsfrist für Kleinunternehmen nur für die Grundkündigungsfrist von vier Wochen zum Monatsende oder zum 15. eines Monats gilt. Ab einer Betriebszugehörigkeitsdauer von zwei Jahren oder mehr sind dann auch kleine Unternehmen an die verlängerten Kündigungsfristen gebunden.[37]

Spezialgesetzliche Regelungen

Die allgemeinen Kündigungsfristen und Kündigungstermine des

[36] *Vgl. Schaub, Arbeitsrechtshandbuch, 14. Auflage 2011, § 126 Rn. 37*
[37] *Vgl. Schaub, Arbeitsrechtshandbuch, 14. Auflage 2011, § 126 Rn. 11*

§ 622 BGB gelten, sofern keine besonderen gesetzlichen Bestimmungen einschlägig sind, etwa § 86 SGB IX (Mindestkündigungsfrist von vier Wochen bei schwerbehinderten Arbeitnehmern), § 22 BBiG (Kündigung eines Berufsausbildungsverhältnisses), § 113 InsO (Kündigung durch den Insolvenzverwalter), § 19 BEEG (Arbeitnehmerkündigung während der Elternzeit) oder § 63 und § 78 SeemG (für Besatzungsmitglieder und Kapitäne von Schiffen).

Tarifliche Kündigungsfristen

Durch Tarifverträge können Kündigungsfristen vereinbart werden, die zu Gunsten oder zu Lasten der Arbeitnehmerinnen und Arbeitnehmer von den gesetzlichen Regelungen abweichen.[38] Tarifliche Regelungen, die die gesetzliche Mindestkündigungsfrist von zwei Wochen während der Probezeit oder die Grundkündigungsfrist von vier Wochen zum Monatsende oder zum 15. eines Monats unterschreiten, sind ebenso zulässig wie tarifvertragliche Kündigungsfristen, die die aufgrund der Beschäftigungsdauer verlängerten gesetzlichen Kündigungsfristen unterschreiten oder modifizieren.

Zulässig sind Verkürzungen oder Verlängerungen dieser Kündigungsfristen oder auch Modifikationen, beispielsweise Sonderregelungen für bestimmte Berufsgruppen oder für Klein- oder für Großunternehmen. Eine tarifvertragliche Regelung, die für Kleinbetriebe einheitliche Kündigungsfristen und Kündigungstermine ohne Staffelung nach Betriebszugehörigkeit und Alter vorsieht, ist wirksam.

Beispiel:
Der TVöD-AT hat davon Gebrauch gemacht und sieht in § 34 von § 622 BGB abweichende Kündigungsfristen vor.

[38] *Vgl. Schaub, Arbeitsrechtshandbuch, 14. Auflage 2011, § 126 Rn. 45*

Tarifliche Kündigungsfristen gelten auch für nicht tarifgebundene Arbeitgeber und Beschäftigte im Geltungsbereich des Tarifvertrages, wenn sie die Regelung arbeitsvertraglich für anwendbar erklären.

Abweichende arbeitsvertragliche Kündigungsfristen
Im Arbeitsvertrag können nach § 622 Abs. 5 Satz 3 BGB längere als die gesetzlichen Kündigungsfristen vereinbart werden. Maßgeblich ist dann die im Arbeitsvertrag enthaltene Kündigungsfrist. Allerdings darf für die Kündigung des Arbeitsverhältnisses durch die Arbeitnehmerin bzw. den Arbeitnehmer keine längere Frist vereinbart werden als für die Kündigung durch den Arbeitgeber, § 622 Abs. 6 BGB.

Eine Verkürzung der gesetzlichen Kündigungsfrist ist im Arbeitsvertrag, von den oben dargelegten Sonderregelungen für Aushilfsarbeitsverhältnisse und für Kleinunternehmen abgesehen, nicht möglich.

Auch die für den Arbeitgeber nach § 622 Abs. 2 BGB verlängerten Kündigungsfristen können nicht mit einer Regelung im Arbeitsvertrag verkürzt werden.

Keine Disposition über gesetzlichen Kündigungsendtermin
Auch der Kündigungsendtermin steht keinen Vereinbarungen der Arbeitsvertragsparteien offen. Abgesehen von Probezeitkündigungen, Kündigungen von Aushilfen und Kündigungen in Kleinunternehmen bis 20 Arbeitnehmerinnen und Arbeitnehmer, kommt der Kündigung „zum glatten Datum" auch eine Schutzfunktion zu, da andere Zeitpunkte Unregelmäßigkeiten, namentlich eine außerordentliche Beendigung des Arbeitsverhältnisses, andeuten können. Auch bei einer Verlängerung der gesetzlichen Kündigungsfrist ist daher die Kündigung zum Monatsende zu vereinbaren.

Für die Arbeitnehmerkündigung gilt die Grundkündigungsfrist des § 622 Abs. 1 BGB. Wurde sie arbeitsvertraglich unter Verstoß gegen das Gesetz verkürzt, muss sich auch die Arbeitnehmerin bzw. der Arbeitnehmer an die gesetzliche Frist halten. Denn § 622 BGB ist keine reine Arbeitnehmerschutzvorschrift, sondern dient den Interessen beider Vertragsteile.

Beispiel:
Ausgangsfall (Günstigkeitsprinzip)
Das Arbeitsverhältnis eines Arbeitnehmers besteht sechs Jahre. Einzelvertraglich ist eine Kündigungsfrist von sechs Wochen zum Quartalsende für beide Parteien vereinbart.

Abwandlung 1
Die ordentliche Arbeitgeberkündigung geht dem Arbeitnehmer am 9.2. zu. Ende des Arbeitsverhältnisses?

Abwandlung 2
Ändert sich etwas, wenn nicht der Arbeitgeber, sondern der Arbeitnehmer kündigt?

Lösung Ausgangsfall
Sieht der Arbeitsvertrag vor, dass das Arbeitsverhältnis mit einer Frist von sechs Wochen zum Quartalsschluss kündbar ist, gilt grundsätzlich diese Vereinbarung, jedoch können die gesetzlichen Mindestfristen nicht unterschritten werden. Dabei ist die vereinbarte Kündigungsfrist mit der gesetzlichen Kündigungsfrist, vorliegend zwei Monate zum Monatsende, zu vergleichen. Die Folge ist, dass die für den Arbeitnehmer günstigere, d. h. längere Frist zu berücksichtigen ist.

Abwandlung 1
Die vertragliche Kündigungsfrist würde das Arbeitsverhältnis

zum 31.3. beenden, die gesetzliche Frist beträgt dagegen für die Kündigung durch den Arbeitgeber (§ 622 Abs. 2 Nr. 2 BGB) zwei Monate zum Monatsende, also hier zum 30.4. Damit greift die längere gesetzliche Frist. Das Arbeitsverhältnis endet mit Ablauf des 30.4.

Abwandlung 2
Kündigt dagegen der Arbeitnehmer, gilt für ihn nicht die gesetzliche Mindestfrist des § 622 Abs. 2 BGB, die lediglich bei Kündigungen durch Arbeitgeber vorgesehen ist, sondern die Grundkündigungsfrist des § 622 Abs. 1 BGB. Durch die vertragliche Regelung wird die gesetzliche Mindestfrist nicht unterschritten. Deshalb gilt die arbeitsvertraglich vereinbarte Frist. Das Arbeitsverhältnis endet mit Ablauf des 31.3.

2.4 Beteiligung des Betriebsrats bei Kündigungen

Besteht in einem Betrieb ein Betriebsrat, muss er nach § 102 Betriebsverfassungsgesetz (BetrVG) vor jeder (!) Kündigung angehört werden.[39] In dem Anhörungsverfahren sind dem Betriebsrat die für die Kündigung maßgeblichen Umstände darzulegen. Danach soll der Betriebsrat in der Lage sein, die Gründe zu prüfen und über eine Stellungnahme zu entscheiden. Unter bestimmten Voraussetzungen kann der Betriebsrat einer ordentlichen Kündigung widersprechen. Dieser Widerspruch kann den Arbeitgeber dazu verpflichten, die gekündigte Arbeitnehmerin bzw. den gekündigten Arbeitnehmer bis zum rechtskräftigen Abschluss des Kündigungsschutzverfahrens weiterzubeschäftigen (dazu nachfolgend am Ende des Abschnitts).

Beachte:
Gemäß § 102 Abs. 6 BetrVG und per Tarifvertrag kann das An-

[39] *Vgl. BAG, Urteil vom 10. November 2005 zum Geschäftszeichen 2 AZR 623/04*

hörungsrecht des Betriebsrates aber auch zu einem Zustimmungsrecht erweitert werden.

Bedeutung:
In einem Betrieb mit Betriebsrat muss der Betriebsrat nach § 102 Abs. 1 Satz 1 des BetrVG vor jeder Kündigung ordnungsgemäß angehört werden.[40]

Das Anhörungsverfahren muss beendet sein, bevor der Arbeitgeber die Kündigung ausspricht.

Die ordnungsgemäße Anhörung ist bei der ordentlichen Kündigung und bei der außerordentlichen Kündigung erforderlich, auch bei einer Kündigung während der Probezeit[41] oder bei einer Änderungskündigung, nicht aber bei anderen Formen der Beendigung des Arbeitsverhältnisses (Aufhebungsvertrag, Zeitablauf, Eintritt in den Ruhestand etc.).

Der Arbeitgeber hat dem Betriebsrat die für die Kündigung maßgeblichen Gründe so mitzuteilen, dass dieser ohne eigene Nachforschung in der Lage ist, die Kündigung und ggf. bestehende Widerspruchsgründe zu beurteilen.

Eine ohne eine solche Anhörung ausgesprochene Kündigung ist unwirksam, ohne dass es darauf ankommt, ob Kündigungsgründe vorliegen oder nicht.

Selbst wenn erheblichste Kündigungsgründe, beispielsweise eine Bedrohung des Arbeitgebers, zur Kündigung führten, ist die Kündigung unwirksam, wenn vor dem Ausspruch der Kündigung der Betriebsrat nicht angehört wurde oder dem Arbeitgeber bei der Durchführung des Anhörungsverfahrens Fehler unterlaufen sind. Eine Ausnahme von der erforderlichen vorherigen An-

[40] *Vgl. BAG, Urteil vom 10. November 2005 zum Geschäftszeichen 2 AZR 623/04*
[41] *Vgl. BAG, Urteil vom 12. September 2013 zum Geschäftszeichen 6 AZR 121/12*

hörung wurde vom BAG nur zugelassen bei einer zweiten Kündigung, die unmittelbar nach der ersten Kündigung ausgesprochen wurde, zu der der Betriebsrat angehört wurde und der dieser ausdrücklich vorbehaltlos zustimmte, wenn die zweite Kündigung auf die selben Kündigungsgründe wie die erste Kündigung gestützt wird. Aus Gründen der Vorsicht sollte dennoch auch in diesen Ausnahmefällen immer eine vorherige weitere Betriebsratsanhörung erfolgen. Dabei ist es zulässig, auf die Anhörung zur vorherigen Kündigung Bezug zu nehmen.

Das BAG sieht ferner eine erneute Betriebsratsanhörung als entbehrlich an, wenn die Kündigung wiederholt wird, weil sie die Arbeitnehmerin bzw. den Arbeitnehmer nicht erreicht hat.[42] Ist die Kündigung hingegen zugegangen, ist das Kündigungsrecht des Arbeitgebers damit verbraucht, und es wäre eine neue Betriebsratsanhörung erforderlich.[43]

Besonderheiten bei leitenden Angestellten

Bei leitenden Angestellten ist der Arbeitgeber nur verpflichtet, den Betriebsrat zu informieren. Wird diese Informationspflicht verletzt, steht dies der Wirksamkeit der Kündigung jedoch nicht entgegen.

Wurde von den leitenden Angestellten ein Sprecherausschuss gewählt, ist dieser nach § 31 Abs. 2 des Sprecherausschussgesetzes (SprAuG) vor jeder Kündigung einer bzw. eines leitenden Angestellten zu hören.

Eine ohne Anhörung des Sprecherausschusses ausgesprochene Kündigung ist unwirksam gemäß § 31 Abs. 2 Satz 2 SprAuG.

Unklarheit besteht häufig darüber, ob es sich bei der Mitarbeiterin bzw. dem Mitarbeiter um eine leitende Angestellte bzw. einen

[42] *Vgl. BAG, Urteil vom 3. April 2008 zum Geschäftszeichen 2 AZR 965/06*
[43] *Vgl. LAG Köln, Urteil vom 13. August 2013 zum Geschäftszeichen 11 Sa 1099/12*

leitenden Angestellten handelt.[44] Wer leitender Angestellter im Sinne des Betriebsverfassungsgesetzes ist, ergibt sich aus § 5 Abs. 3 und 4 BetrVG. Als leitender Angestellter kommen danach im Wesentlichen diejenigen Angestellten in Betracht, die zur selbstständigen Einstellung und Entlassung von Arbeitnehmerinnen und Arbeitnehmern berechtigt sind. Den dort gestellten Anforderungen genügen daher viele Arbeitnehmerinnen und Arbeitnehmer, die im Betrieb evtl. als leitende Angestellte gelten, nicht.

Macht eine Arbeitnehmerin bzw. ein Arbeitnehmer im Kündigungsschutzprozess geltend, dass sie bzw. er kein leitender Angestellter im Sinne des BetrVG sein, und folgt das Arbeitsgericht dieser Argumentation, wäre die Kündigung der im Betrieb als leitender Angestellter geltenden Führungskraft ggf. wegen fehlender Betriebsratsanhörung unwirksam.

Tipp!

Falls zweifelhaft ist, ob eine bzw. ein als leitender Angestellter geführte Mitarbeiterin bzw. geführter Mitarbeiter den gesetzlichen Anforderungen als leitender Angestellter im Sinne von § 5 Abs. 3 und 4 BetrVG genügt, sollte im Anhörungsverfahren der „sichere Weg" gewählt werden: Der Betriebsrat sollte in diesem Fall nicht nur über die Kündigung eines leitenden Angestellten im Sinne von § 105 BetrVG informiert werden. Vielmehr sollte in dem Schreiben an den Betriebsrat klargestellt werden, dass gleichzeitig – zumindest vorsorglich – das Anhörungsverfahren nach § 102 Abs. 1 BetrVG eingeleitet wird. Außerdem muss – wenn ein Sprecherausschuss etabliert ist – dieser nach § 31 Abs. 2 des SprAuG zur Kündigung des leitenden Angestellten angehört werden. Für die Anhörung des Sprecherausschusses gelten die Ausführungen zur Betriebsratsanhörung entsprechend.

[44] *Zur Abgrenzung siehe Fröhlich, ArbRB 2014, 16 ff.*

Die Anhörung des Betriebsrates

Bei der Anhörung muss der Arbeitgeber dem Betriebsrat die Gründe für die Kündigung mitteilen. Dabei ist nach der Rechtsprechung des BAG das Anhörungsverfahren nur dann ordnungsgemäß eingeleitet, wenn der Arbeitgeber den Betriebsrat über Person, Lebensalter, Dauer der Betriebszugehörigkeit der zu kündigenden Arbeitnehmerin bzw. des zu kündigenden Arbeitnehmers, Kündigungsart (ordentlich, außerordentlich, Änderungskündigung) und die Kündigungsgründe unter näherer Beschreibung des zugrunde liegenden Sachverhalts informiert. Dabei kann der Arbeitgeber grundsätzlich auf die Eintragungen in ihm vorliegenden steuerrelevanten Unterlagen vertrauen.[45]

Grundsätzlich ist zu empfehlen, den Betriebsrat auch über die Kündigungsfrist und den Kündigungstermin zu unterrichten. Der Betriebsrat muss das angestrebte Vertragsende und den zwischen Ausspruch der Kündigung und Entlassungstermin liegenden Zeitrahmen abschätzen können. Eine konkrete Angabe ist jedoch unter Umständen auch mit Blick auf das Anhörungsverfahren und dessen Dauer gerade nicht möglich, sodass das BAG keine konkrete Angabe verlangt.[46] Die Kündigungsfrist und der Kündigungsendtermin sollten bei der Anhörung mit angegeben werden.

Formulierungsbeispiel:
„Für die Kündigung gilt eine Kündigungsfrist von zwei Monaten zum Monatsende. Die Kündigung soll zum nächstmöglichen Termin, somit zum 31.10.20xx, ausgesprochen werden."

Einer besonderen Mitteilung bedarf es darüber nicht, sofern der Betriebsrat über die exakten Umstände für die Berechnung der Kündigungsfrist und des Endtermins unterrichtet ist. Die Mitteilung des genauen Kündigungstermins kann dann entbehrlich sein, wenn nicht sicher ist, zu welchem Zeitpunkt die Kündigung zu-

[45] *Vgl. BAG, Urteil vom 17. Januar 2008 zum Geschäftszeichen 2 AZR 405/06*
[46] *Vgl. BAG, Urteil vom 27. April 2006 zum Geschäftszeichen 2 AZR 426/05*

gehen wird, und dem Betriebsrat die Kündigungstermine und Kündigungsfristen, beispielsweise aus den tariflichen Regelungen, bekannt sind.

Die Informationspflicht gegenüber dem Betriebsrat ist geringer als die Darlegungspflicht im arbeitsgerichtlichen Kündigungsschutzprozess. Der Arbeitgeber ist nicht verpflichtet, Unterlagen oder Beweismittel zur Verfügung zu stellen. Auch wenn ein Kündigungssachverhalt äußerst umfangreich ist, ist der Arbeitgeber nicht verpflichtet, dem Betriebsrat vorhandene schriftliche Unterlagen auszuhändigen oder den Kündigungssachverhalt schriftlich darzulegen.

Mit Blick darauf, dass für den Arbeitgeber eine Zustimmung, zumindest aber eine Nichtablehnung der Kündigung durch den Betriebsrat von Vorteil ist, sollte der Arbeitgeber den Betriebsrat aber möglichst umfassend informieren und ihm wesentliche Beweismittel zu Verfügung stellen.

Er muss dem Betriebsrat den für die vorgesehene Kündigung maßgeblichen Sachverhalt darlegen und insbesondere die Tatsachen angeben, aufgrund derer er seinen Entschluss gefasst hat. Der Arbeitgeber muss diejenigen Gründe mitteilen, die nach seiner subjektiven Sicht die Kündigung rechtfertigen und für seinen Kündigungsentschluss maßgebend sind. Diese Gründe darf er aber nicht nur pauschal, schlagwort- oder stichwortartig bezeichnen.[47] Vielmehr muss der als maßgebend erachtete Sachverhalt unter Angabe von Tatsachen, aus denen der Kündigungsentschluss hergeleitet wird, näher beschrieben werden, sodass der Betriebsrat ohne zusätzliche Nachforschungen in der Lage ist, die Stichhaltigkeit der Kündigungsgründe zu prüfen und über seine Stellungnahme zu entscheiden.

[47] *Vgl. BAG, Urteil vom 12. August 2010 zum Geschäftszeichen 2 AZR 945/08*

Eine bewusst und gewollt unrichtige Mitteilung der für den Kündigungsentschluss des Arbeitgebers maßgebende Kündigungsgründe oder eine bewusst irreführende Anhörung, was durch Verschweigen wesentlicher Umstände erfolgen kann, führt zu einer fehlerhaften und damit unwirksamen Anhörung.[48]

Dabei gehört zu einer vollständigen und wahrheitsgemäßen Information des Betriebsrates auch die Unterrichtung über die dem Arbeitgeber bekannten und die Arbeitnehmerin bzw. den Arbeitnehmer entlastenden und gegen die Kündigung sprechenden Tatsachen.[49]

Vor dem Ausspruch der Kündigung kann der Arbeitgeber seine Informationen gegenüber dem Betriebsrat jederzeit ergänzen. Auch Informationen, die der Betriebsrat im Zuge der Anhörung vom Arbeitgeber auf Nachfrage erhält, sind Gegenstand der Anhörung gemäß § 102 Abs. 1 BetrVG und können dann im Kündigungsprozess zugunsten des Arbeitgebers berücksichtigt werden, wobei nachträgliche Informationen allerdings dazu führen, dass die einwöchige bzw. bei außerordentlichen Kündigungen die dreitägige Äußerungsfrist für den Betriebsrat ab dem Zeitpunkt der vollständigen Unterrichtung neu zu laufen beginnt.

Informationen, die sich der Betriebsrat nach der Unterrichtung durch den Arbeitgeber anderweitig selbst beschafft, heilen eine unzureichende Anhörung durch den Arbeitgeber nicht.

Teilt der Arbeitgeber dem Betriebsrat objektiv kündigungsrechtlich erhebliche Tatsachen nicht mit, weil er die Kündigung nicht darauf stützen will oder weil er sie für unerheblich hält, dann ist die Anhörung selbst ordnungsgemäß. Die in objektiver Sicht unvollständige Anhörung verwehrt es dem Arbeitgeber jedoch, im Kündigungsschutzprozess Gründe nachzuschieben, die über die

[48] *Vgl. LAG Rheinland-Pfalz, Urteil vom 7. Oktober 2013 zum Geschäftszeichen 5 Sa 213/13*
[49] *Vgl. BAG, Urteil vom 30. November 2011 zum Geschäftszeichen 2 AZR 748/10*

Erläuterung des dem Betriebsrat mitgeteilten Sachverhalts hinausgehen.[50] Dann ist die Kündigung zwar nicht wegen einer fehlerhaften Betriebsratsinformation unwirksam, wohl aber scheitert sie möglicherweise daran, dass der Arbeitgeber keine ausreichenden Kündigungsgründe vortragen kann und die Kündigung deswegen vom Gericht als sozialwidrig beurteilt wird.

Sofern der Betriebsrat bei Einleitung des Anhörungsverfahrens jedoch bereits über den erforderlichen Kenntnisstand verfügt, um zu der konkret beabsichtigten Kündigung Stellung zu nehmen, ist keine weitere Darlegung der Kündigungsgründe erforderlich.

Bei verhaltensbedingten Kündigungen muss der Arbeitgeber den Betriebsrat auch über frühere Abmahnungen sowie über Gegendarstellungen der Arbeitnehmerin bzw. des Arbeitnehmers zu Abmahnungen informieren. Bei betriebsbedingten Kündigungen müssen dem Betriebsrat die dringenden betrieblichen Erfordernisse genannt werden, ferner die Gründe für die Sozialauswahl (siehe Kapitel 2.8) einschließlich der Daten der in die eigentliche Sozialauswahl einbezogenen Mitarbeiterinnen und Mitarbeiter.

Bei personenbedingten Kündigungen wegen Krankheit muss der Betriebsrat über die Fehlzeiten und die betrieblichen und wirtschaftlichen Auswirkungen, insbesondere die Entgeltfortzahlungskosten durch die Fehlzeiten informiert werden.

Will der Arbeitgeber sowohl eine betriebs- wie auch eine verhaltensbedingte Kündigung aussprechen, muss auch dies im Anhörungsverfahren mitgeteilt werden. Bei einer Änderungskündigung muss der Betriebsrat außer über die Gründe der Kündigung auch über das konkrete Änderungsangebot informiert werden.[51] Ist das Änderungsangebot mit einer Umsetzung oder Umgruppierung verbunden, muss in Betrieben mit in der Regel mehr als

[50] *Vgl. zum Nachschieben von Kündigungsgründen ausführlich Legerlotz, in ArbRB 2013, 123*
[51] *Zur Änderungskündigung siehe Moderegger, in ArbRB 2009, 42 ff.*

20 wahlberechtigten Arbeitnehmerinnen und Arbeitnehmern auch das Mitbestimmungsrecht des Betriebsrats nach § 99 BetrVG berücksichtigt werden mit der Folge, dass die Zustimmung des Betriebsrates zur Versetzung oder Umgruppierung einzuholen ist.

Bei einer außerordentlichen Kündigung ist bei der Anhörung ein Hinweis an den Betriebsrat sinnvoll, dass die beabsichtigte außerordentliche Kündigung hilfsweise als ordentliche Kündigung gelten soll.

Beispiel:
Hilfsweise ordentliche Kündigung
„Wir beabsichtigen, das Arbeitsverhältnis fristlos, hilfsweise ordentlich zum 30.9.20xx zu kündigen."

Dabei muss dem Betriebsrat vor Ausspruch der ordentlichen Kündigung auch die einwöchige Äußerungsfrist zur ordentlichen Kündigung zugestanden werden. Die Kündigung muss daher eventuell in zwei Stufen ausgesprochen werden: Nach Ablauf der Anhörungsfrist von drei Tagen für die außerordentliche Kündigung kann diese ausgesprochen werden, und dann nach Ablauf der Anhörungsfrist für die ordentliche Kündigung von einer Woche ist Letztere auszusprechen. Andernfalls ist bei unwirksamer außerordentlicher Kündigung die zur ordentlichen Kündigung umgedeutete Kündigungserklärung mangels ordnungsgemäßer Betriebsratsanhörung unwirksam.

Einzige Ausnahme ist, wenn der Betriebsrat der außerordentlichen Kündigung ausdrücklich und vorbehaltlos zugestimmt hat.

Reaktionsmöglichkeiten des Betriebsrates

Äußerung von Bedenken

Hat der Betriebsrat gegen eine ordentliche Kündigung Bedenken, muss er die Bedenken unter Angabe der Gründe dem Arbeitgeber spätestens innerhalb einer Woche schriftlich mitteilen. Äußert er sich innerhalb dieser Wochenfrist nicht, gilt seine Zustimmung gemäß § 102 Abs. 2 BetrVG als erteilt. Hat der Betriebsrat gegen eine außerordentliche Kündigung Bedenken, muss er angesichts der Eilbedürftigkeit die Bedenken dem Arbeitgeber unverzüglich, spätestens innerhalb von drei Kalendertagen schriftlich mitteilen. Der Betriebsrat soll, soweit dies erforderlich erscheint, vor seiner Stellungnahme die betroffene Arbeitnehmerin bzw. den betroffenen Arbeitnehmer hören. Dies gilt bei der außerordentlichen und der ordentlichen Kündigung.

Jegliche Bedenken, die der Betriebsrat gegen die Kündigung hat, kann er in seiner Stellungnahme mitteilen. Der Arbeitgeber ist verpflichtet, sich mit den vorgetragenen Bedenken auseinanderzusetzen. Eine Bindung an die Stellungnahme des Betriebsrates besteht jedoch nicht. Auch trotz Bedenken des Betriebsrates kann nach Beendigung des Anhörungsverfahrens die Kündigung ausgesprochen werden. Eine vor Abschluss des Anhörungsverfahrens ausgesprochene Kündigung ist unwirksam.

Beendet ist das Anhörungsverfahren, wenn die Anhörungsfristen (eine Woche bei ordentlicher, drei Kalendertage bei außerordentlicher Kündigung) abgelaufen sind oder der Betriebsrat eine abschließende Stellungnahme abgegeben hat, aus der sich ergibt, dass eine weitere Erörterung nicht gewünscht wird. Eine abschließende Stellungnahme kann auch gegeben sein, wenn der Betriebsrat erklärt, er werde sich zu der Kündigung nicht äußern.

Achtung!

Anhörungsfrist beachten
Bei einer außerordentlichen, hilfsweise ordentlichen Kündigung ist zur Wirksamkeit der ordentlichen Kündigung die einwöchige Anhörungsfrist zu berücksichtigen.

Eine einseitig vom Arbeitgeber veranlasste Verkürzung der gesetzlichen Anhörungsfrist in Eilfällen ist nicht möglich.

Widerspruch des Betriebsrates
Unter bestimmten Voraussetzungen steht dem Betriebsrat zusätzlich zu dem Recht, Bedenken gegen die Kündigung zu äußern, ein Widerspruchsrecht nach § 102 Abs. 3 BetrVG zu. Diese Voraussetzungen sind gegeben, wenn

- eine ordentliche Kündigung oder eine außerordentliche Kündigung mit Auslauffrist ausgesprochen wird,
- der Arbeitgeber bei der Auswahl der zu kündigenden Arbeitnehmerin bzw. des zu kündigenden Arbeitnehmers soziale Gesichtspunkte nicht oder nicht ausreichend berücksichtigt hat, also die Sozialauswahl nach § 1 Abs. 3 KSchG (siehe Kapitel 7.8) fehlerhaft ist,
- die Kündigung gegen eine mit Zustimmung des Betriebsrates aufgestellte Richtlinie über die Sozialauswahl bei Kündigungen verstößt,
- die Arbeitnehmerin bzw. der Arbeitnehmer an einem anderen (freien) Arbeitsplatz im selben Betrieb oder in einem anderen Betrieb des Unternehmens weiterbeschäftigt werden kann,

- die Weiterbeschäftigung der Arbeitnehmerin bzw. des Arbeitnehmers nach zumutbaren Umschulungs- und Fortbildungsmaßnahmen möglich ist oder
- eine Weiterbeschäftigung der Arbeitnehmerin bzw. des Arbeitnehmers unter geänderten Vertragsbedingungen möglich ist und diese bzw. dieser sein Einverständnis hiermit erklärt hat.

Sofern der Betriebsrat der Kündigung widerspricht, kann der Arbeitgeber trotzdem die beabsichtigte Kündigung aussprechen. Er muss der gekündigten Arbeitnehmerin bzw. dem gekündigten Arbeitnehmer dann mit der Kündigung eine Kopie der Stellungnahme des Betriebsrates zukommen lassen.

Hat der Betriebsrat einer ordentlichen Kündigung frist- und ordnungsgemäß widersprochen, kann die Arbeitnehmerin bzw. der Arbeitnehmer ihre bzw. seine Kündigungsschutzklage gegen die gleichwohl ausgesprochene Kündigung zusätzlich auf den Widerspruch des Betriebsrates stützen und die Weiterbeschäftigung zu unveränderten Arbeitsbedingungen bis zum rechtskräftigen Abschluss des arbeitsgerichtlichen Kündigungsschutzverfahrens verlangen.

Ein ordnungsgemäßer Widerspruch ist bereits anzunehmen, sofern seine Begründung es möglich erscheinen lässt, dass einer der oben genannten Widerspruchsgründe geltend gemacht wird. Der Widerspruch muss auf einem ordnungsgemäß gefassten Beschluss des Betriebsrates beruhen und von der bzw. dem Vorsitzenden des Betriebsrates unterschrieben sein.

Zustimmung

Der Betriebsrat, der mit dem Arbeitgeber vertrauensvoll zusammen arbeiten muss, kann sich von den angegebenen Kündigungsgründen überzeugen lassen und der beabsichtigten Kündigung zustimmen. Diese Zustimmung führt allerdings nicht dazu, dass die Kündigung sozial gerechtfertigt und rechtmäßig ist. Trotz der Zustimmung des Betriebsrates ist die gekündigte Arbeitnehmerin bzw. der gekündigte Arbeitnehmer nicht gehindert, eine Kündigungsschutzklage zu erheben. Das Arbeitsgericht kann auch in diesem Fall zum Ergebnis kommen, dass die Kündigung sozial nicht gerechtfertigt oder aus anderen Gründen unwirksam ist.

Keine Äußerung

Der Betriebsrat ist nicht verpflichtet, sich zu der beabsichtigten Kündigung zu äußern. Er kann beraten und dennoch keine Stellungnahme abgeben. In diesem Fall gilt nach § 102 Abs. 2 Satz 2 BetrVG bei einer ordentlichen Kündigung die Zustimmung nach Ablauf einer Woche, bei einer außerordentlichen nach Ablauf von drei Tagen ab Zugang der Anhörung als erteilt. In der Praxis passiert es oft, dass Betriebsräte, die eine Kündigung für gerechtfertigt halten, die Zustimmung nicht ausdrücklich erklären, sondern sich nicht äußern und damit der Kündigung aufgrund § 102 Abs. 2 Satz 2 rechtlich zustimmen.

Interne Fehler bei der Beschlussfassung des Betriebsrates

Da der Arbeitgeber keine rechtliche Möglichkeit hat, die Beschlussfassung des Betriebsrates zu beeinflussen, haben interne Fehler des Betriebsrates auf die Korrektheit der Anhörung und die Wirksamkeit der Kündigung grundsätzlich keine Auswirkungen.[52] Ein Fehler im Verfahren des Betriebsrates ist dem Arbeitgeber nur dann zuzurechnen, wenn erkennbar nicht eine Stellungnahme des Gremiums, sondern etwa nur eine persönliche Äußerung seines Vorsitzenden vorliegt oder der Arbeitgeber den Fehler durch unsachgemäßes Verhalten selbst veranlasst hat.[53]

[52] *Vgl. BAG, Urteil vom 26. September 2013 zum Geschäftszeichen AZR 741/12*
[53] *Vgl. BAG, Urteil vom 22. November 2012 zum Geschäftszeichen 2 AZR 732/11*

Reaktionsmöglichkeiten des Arbeitgebers
Frühestens nach Abschluss des Anhörungsverfahrens ist der Arbeitgeber zur Kündigung berechtigt, auch sofern der Betriebsrat Bedenken gegen die Kündigung erhoben hat oder der Kündigung widerspricht. Es empfiehlt sich jedoch, eine Stellungnahme des Betriebsrats als Anlass zu nehmen, die beabsichtigte Kündigung nochmals kritisch zu überprüfen.

Das Anhörungsverfahren ist abgeschlossen, wenn der Betriebsrat eine abschließende Stellungnahme abgegeben hat oder wenn die vom Gesetz festgelegten Erklärungsfristen verstrichen sind.

Für die Fristberechnung gelten die Vorschriften des BGB. Die Frist endet erst um 24.00 Uhr des letzten Tages. Somit darf der Arbeitgeber nicht bereits die Kündigung zustellen, wenn er an diesem Tag wegen des Feierabends des Betriebsrats keine Stellungnahme mehr erwartet, sondern erst am folgenden Tag. Der Tag des Zugangs beim Betriebsratsvorsitzenden (nicht bei einem anderen Mitglied des Betriebsrates) lässt erst die Frist beginnen – dieser Tag zählt für die Fristberechnung nicht mit.

Tipp!

Zugang dokumentieren
Der Tag des Zugangs der Erklärung beim Betriebsrat sollte sorgfältig dokumentiert werden, z. B. durch eine Empfangsbestätigung der bzw. des Vorsitzenden oder einen Aktenvermerk, wann die Anhörung in das Postfach des Betriebsrats gelegt wurde (dann beginnt die Frist am Tag, nach dem mit einer Leerung des Postfachs normalerweise zu rechnen ist).

Fällt das Fristende auf einen Samstag, Sonntag oder Feiertag, verlängert sie sich bis zum nächsten Werktag, wiederum 24.00 Uhr.

Fällt ein solcher Tag nur in den Lauf der Frist, hat das keine Auswirkungen.

Der Arbeitgeber soll sich vor Ausspruch der Kündigung mit den Widerspruchsgründen oder den Bedenken des Betriebsrates auseinanderzusetzen. Ein Verstoß gegen diese Verpflichtung führt allerdings nicht zur Unwirksamkeit der Kündigung.

Kündigt der Arbeitgeber, obwohl der Betriebsrat der Kündigung widersprochen und Widerspruchsgründe nach § 102 Abs. 3 BetrVG dargelegt hat, ist der Arbeitgeber verpflichtet, der Arbeitnehmerin bzw. dem Arbeitnehmer mit der Kündigung eine Abschrift der Stellungnahme des Betriebsrates zuzuleiten. Zudem kann die Arbeitnehmerin bzw. der Arbeitnehmer bei ordnungsgemäßem Widerspruch des Betriebsrates nach Erhebung der Kündigungsschutzklage verlangen, auch nach Ablauf der Kündigungsfrist bis zum rechtskräftigen Abschluss des Kündigungsschutzverfahrens bei unveränderten Arbeitsbedingungen weiterbeschäftigt zu werden, wobei der Arbeitnehmerin bzw. dem Arbeitnehmer für die Zeit der tatsächlichen Beschäftigung nach Ablauf der Kündigungsfrist der Vergütungsanspruch auch dann zusteht, wenn vom Arbeitsgericht die Rechtmäßigkeit der Kündigung und die Beendigung des Arbeitsverhältnisses festgestellt wird.

Der Arbeitgeber kann vom Arbeitsgericht auf Antrag allerdings von der Weiterbeschäftigungspflicht entbunden werden wenn

- die Kündigungsschutzklage der Arbeitnehmerin bzw. des Arbeitnehmers keine hinreichende Aussicht auf Erfolg bietet oder

- die Weiterbeschäftigung zu einer unzumutbaren wirtschaftlichen Belastung des Arbeitgebers führen würde oder

- der Widerspruch des Betriebsrates offensichtlich unbegründet war.

2.5 Besonderer Kündigungsschutz

Für eine konkrete Mitarbeiterin bzw. einen konkreten Mitarbeiter könnte besonderer Kündigungsschutz eingreifen. Mitarbeiterinnen und Mitarbeiter in bestimmten schutzbedürftigen Positionen im Betrieb bzw. in besonderen Lebenslagen genießen z. B. besonderen Kündigungsschutz, wenn sie

- als Mitglied dem Betriebs- oder Personalrat angehören, § 15 Abs. 1 und 2 KSchG,
- Wahlbewerber eines solchen sind bzw. dem Wahlvorstand angehören, § 15 Abs. 3 KSchG,
- schwanger sind, bzw. es vor kurzer Zeit waren, § 9 MuSchG,
- sich in Elternzeit befinden bzw. diese bereits verlangt haben, § 18 BEEG,
- sich in Pflegezeit eines Angehörigen befinden bzw. dies angekündigt haben, § 5 PflegeZG,
- schwerbehindert sind, § 85 SGB IX,
- sich in der Berufsausbildung befinden, § 22 Abs. 2 BBiG.

Ordentliche Kündigungen sind in diesen Fällen entweder verboten oder von der Zustimmung einer Behörde abhängig.

Praxisrelevant ist insbesondere der Sonderkündigungsschutz von schwerbehinderten Menschen, deren Kündigung nach dem SGB IX nur mit Zustimmung des Integrationsamts zulässig ist.

Nach § 91 Abs. 2 SGB IX kann die Zustimmung zu deren außerordentlichen Kündigung nur innerhalb von zwei Wochen nach dem Zeitpunkt beantragt werden, in dem der Arbeitgeber von den für die Kündigung maßgebenden Gründen Kenntnis erlangt hat.

Soweit der Kündigungsgrund nicht im Zusammenhang mit der Schwerbehinderung steht, ist das Integrationsamt jedoch zur Erteilung der Zustimmung verpflichtet.

Die Möglichkeit einer ordentlichen Kündigung kann aber auch z. B. durch Tarifvertrag ausgeschlossen worden sein. Häufig werden solche vertraglichen Kündigungsverbote an eine bestimmte Betriebszugehörigkeitsdauer geknüpft.

Beispiel:
Der TVöD-AT sieht in § 34 Abs. 2 die Unzulässigkeit der ordentlichen Kündigung unter bestimmten Voraussetzungen ab Vollendung des 40. Lebensjahres und ab einer Beschäftigungszeit von mehr als 15 Jahren vor.

Ist die ordentliche Kündigung demnach ausgeschlossen bzw. die Zustimmung dazu nicht einholbar, so endet die Prüfung einer möglichen Kündigung grundsätzlich bereits an diesem Punkt. Die Frage nach allgemeinem Kündigungsschutz stellt sich dann nicht mehr.

2.6 Allgemeiner Kündigungsschutz

Greift kein besonderer Kündigungsschutz, so wird die Prüfung des allgemeinen Kündigungsschutzes nach dem Kündigungsschutzgesetz (KSchG) relevant.

Anwendbarkeit des Kündigungsschutzgesetzes
Das KSchG gewährt allen Arbeitnehmerinnen und Arbeitnehmern (allgemein) im Betrieb Kündigungsschutz, wenn es anwendbar ist.

Anwendbar ist das KSchG, wenn

- ein Arbeitsverhältnis vorliegt. Es erfolgt keine Differenzierung nach Voll- oder Teilzeitbeschäftigten.

- die konkrete Mitarbeiterin bzw. der konkrete Mitarbeiter gemäß § 1 Abs. 1 KSchG länger als sechs Monate ununterbrochen in dem Unternehmen beschäftigt ist. Der Zeitpunkt des Vertragsschlusses ist hierbei ebenso unbeachtlich wie die tatsächliche Arbeitsaufnahme. Die Wartezeit ist betriebs- und unternehmensbezogen, nicht aber konzernbezogen. D. h. die Wartezeit läuft bei Beschäftigung in einem Betrieb sowie bei Beschäftigung in einem Unternehmen ab, nicht jedoch, wenn eine Arbeitnehmerin bzw. ein Arbeitnehmer innerhalb eines Konzerns das Unternehmen wechselt, in dem er beschäftigt wird. Die rechtliche Unterbrechung des Arbeitsverhältnisses z. B. durch eine ausgesprochene Kündigung lässt die Wartefrist neu beginnen. Dies gilt dann nicht, wenn beide Arbeitsverhältnisse in einem sachlichen Zusammenhang stehen. In diesem Fall werden die Beschäftigungszeiten addiert. Ob eine Mehrzahl von unterbrochenen Arbeitsverhältnissen als zusammenhängend angesehen werden kann und ob es zu einer

Addition der Beschäftigungszeiten kommt, ist eine Frage des Einzelfalles.

- gemäß § 23 Abs. 1 KSchG in dem Betrieb in der Regel mehr als fünf Vollzeitarbeitnehmerinnen bzw. -arbeitnehmer beschäftigt sind und die konkrete Mitarbeiterin bzw. der konkrete Mitarbeiter vor dem 31.12.2003 dort begonnen hat. Fing die konkrete Mitarbeiterin bzw. der konkrete Mitarbeiter in dem Betrieb erst nach dem 31.12.2003 an, müssen dort in der Regel mehr als zehn Vollzeitarbeitnehmerinnen bzw. -arbeitnehmer beschäftigt sein. „In der Regel" bedeutet, dass die regelmäßige Beschäftigtenzahl bei Ausspruch der Kündigung festzustellen ist. Hierfür ist ein Rückblick auf die bisherige personelle Stärke des Betriebes und die Einschätzung der zukünftigen Entwicklung vorzunehmen.[54] Damit bleiben Ausnahmesituationen mit kurzfristig mehr oder weniger Personal (wie z. B. das Weihnachts- oder Saisongeschäft) in der Zählung unberücksichtigt.

Bei der Zahl der relevanten Arbeitnehmerinnen und Arbeitnehmer zählen Auszubildende nicht mit, Teilzeitmitarbeiterinnen und -mitarbeiter werden nach § 23 Abs. 1 KSchG wie folgt anteilig berücksichtigt:

- bis 20 Stunden mit 0,5 Zählern

- bis 30 Stunden mit 0,75 Zählern

- mit mehr als 30 Stunden mit 1,0 Zählern

Zu beachten ist, dass bei der Prüfung der ersten Alternative (Frage, ob mehr als fünf Beschäftigte vorhanden sind, wenn es um die Kündigungsmöglichkeit einer „Altmitarbeiterin bzw. eines „Alt-

[54] *Vgl. Münchener Prozessformularbuch, Band 6 Arbeitsrecht, 3. Auflage 2009, B. II. 3.2, Ziffer 2*

mitarbeiters" geht) nicht die Beschäftigten hinzugerechnet werden dürfen, die nach dem 31.12.2003 hinzugekommen sind.

> *Beispiel:*
> *Ein Friseurbetrieb hatte bis zum 31.12.2003 regelmäßig sechs Vollzeitarbeitnehmerinnen beschäftigt. Alle diese Mitarbeiterinnen genießen auch über den 1.1.2004 hinaus Kündigungsschutz (es greift die oben genannte erste Alternative). Wenn nun der Friseurmeister im Jahr 2004 eine siebte Arbeitnehmerin einstellt, hat diese keinen Kündigungsschutz, da der Betrieb weniger als zehn Mitarbeiterinnen beschäftigt (oben genannte zweite Alternative).*
>
> *Wenn nun eine der sechs Mitarbeiterinnen den Betrieb verlässt, die bereits vor dem 31.12.2003 in dem Betrieb beschäftigt war, entfällt der Kündigungsschutz für die übrigen fünf „Altmitarbeiterinnen" auch. Die im Jahre 2004 neu hinzugekommene Mitarbeiterin wird bei der Berechnung des Vorliegens von fünf Mitarbeiterinnen nämlich nicht hinzugerechnet.*
>
> *Erst wenn der Betrieb dann mehr als zehn Vollzeitarbeitnehmerinnen bzw. -arbeitnehmer beschäftigt, genießen alle Mitarbeiterinnen und Mitarbeiter (und die Altmitarbeiterinnen wieder) Kündigungsschutz.*

Der Gesetzgeber wollte Kleinunternehmern unter zehn Beschäftigten die Möglichkeit geben, sich von Arbeitnehmerinnen bzw. Arbeitnehmern rechtlich einfacher zu trennen, als dies in der Regel nach dem KSchG möglich wäre.

Unabdingbarkeit des Kündigungsschutzes

Der gesamte Kündigungsschutz steht vertragsschließenden Parteien nicht zur Verhandlung zur Verfügung. Die Vorschriften sind „einseitig zwingend", d. h. sie können nicht zum Nachteil der Arbeitnehmerin bzw. des Arbeitnehmers vertraglich abgeändert werden.

Nach Zugang einer Kündigung ist dies allerdings möglich, d. h. man kann dann vertraglich über die Abwicklung des Arbeitsverhältnisses disponieren. Auch dies ist für die Arbeitnehmerin bzw. den Arbeitnehmer allerdings regelmäßig mit einem Risiko verbunden. Die Gefahr besteht, dass seitens der Bundesagentur für Arbeit angenommen wird, die Arbeitnehmerin bzw. der Arbeitsnehmer habe am Verlust des Arbeitsplatzes mitgewirkt. Folge hiervon ist regelmäßig die Verhängung einer so genannten Sperrzeit für den Bezug von Arbeitslosengeld. Diese kann bis zu zwölf Wochen dauern (§ 159 SGB III).

Folge der Anwendbarkeit des KSchG
Ist das KSchG anwendbar, so ist die Kündigung gemäß § 1 Abs. 1 KSchG nur wirksam, wenn sie sozial gerechtfertigt ist. Dies ist nur dann der Fall, wenn die Kündigung auf

- Gründen im Verhalten der Mitarbeiterin bzw. des Mitarbeiters,
- Gründen in der Person der Mitarbeiterin bzw. des Mitarbeiters
- oder dringenden betrieblichen Erfordernissen

beruht.

Eine Kündigung ist nur dann rechtmäßig, wenn sie nicht sozialwidrig und aus personen-, verhaltens-, oder betriebsbedingten Gründen erfolgt ist. Die Voraussetzungen für die einzelnen Rechtfertigungsgründe unterscheiden sich. Zur Darstellung der einzelnen Kündigungsarten verweisen wir auf die nachfolgenden Abschnitte.

Vereinzelt kann es zu so genannten Mischtatbeständen kommen. In diesen Fällen liegen beispielsweise betriebs- *und* verhaltensbedingte Kündigungsgründe vor. Fraglich ist, nach welchen Kriterien die Wirksamkeit einer solchen Kündigung erfolgen kann. Das BAG hat in diesen Fällen entschieden, dass zunächst geprüft werden muss, aufgrund welcher Tatsache der konkrete Kündigungsentschluss erfolgt ist. Wird beispielsweise ein chronisch kranker Mitarbeiter gekündigt, weil der Betrieb umstrukturiert wird und aufgrund der Krankheit keine den Bedürfnissen entsprechende Beschäftigung gefunden werden kann, stellt sich die Frage ob die Kündigung primär krankheitsbedingt oder betriebsbedingt erfolgt. Das BAG sieht den Schwerpunkt in der Betriebsbedingtheit.

Hiervon ist zu unterscheiden, ob der Arbeitgeber die Kündigung auf mehrere verschieden Sachverhalte stützt. Hier sind zunächst alle Sachverhalte einzeln zu prüfen, ob diese eine Kündigung rechtfertigen. Erst wenn diese einzeln die Kündigung nicht rechtfertigen können, muss geprüft werden ob die Gesamtheit der Gründe die Kündigung nach Abwägung aller Interessen doch rechtfertigt. Diese Fallkonstellation kommt insbesondere bei der verhaltensbedingten Kündigung in Betracht.

Ultima-Ratio-Prinzip

Allen Kündigungen ist jedoch gemein, dass eine Beendigungskündigung erst in Betracht kommt, wenn keine Möglichkeit mehr besteht, die Arbeitnehmerin bzw. den Arbeitnehmer weiterzubeschäftigen. Der Arbeitgeber muss alle Mittel ausgeschöpft haben, und eine Weiterführung des Arbeitsverhältnisses muss für ihn unmöglich sein. In diesem Zusammenhang ist auch der Vorrang der Änderungskündigung (siehe Kapitel 7.12) vor der Beendigungskündigung zu sehen.

Auch muss eine Kündigung nach einer abschließenden Interessenabwägung im Einzelfall noch gerechtfertigt erscheinen.

Diesem Grundsatz trägt namentlich die Anforderung Rechnung, dass vor Ausspruch einer verhaltensbedingten Kündigung grundsätzlich eine Abmahnung der Arbeitnehmerin bzw. des Arbeitnehmers erforderlich ist, insbesondere dann, wenn zu erwarten ist, dass die Abmahnung doch noch zu einer Verhaltensänderung bei der Arbeitnehmerin bzw. beim Arbeitnehmer führen würde.

Beurteilungszeitpunkt
Die Kündigung kann auf alle Gründe gestützt werden, die zum Zeitpunkt des Zugangs der Kündigung objektiv vorlagen. Es genügen somit auch Gründe, die zu diesem Zeitpunkt zwar vorlagen, von denen der Arbeitgeber allerdings erst später erfahren hat. Das bedeutet, ein Nachschieben von Kündigungsgründen ist, vorbehaltlich der Einschränkungen im Zusammenhang mit der Anhörung eines Betriebsrats, möglich.

Prognoseprinzip
Zum Kündigungszeitpunkt ist eine Prognose aufzustellen, ob die Arbeitnehmerin bzw. der Arbeitnehmer spätestens mit Ablauf der Kündigungsfrist nicht weiterbeschäftigt werden kann. Der maßgebliche Zeitpunkt, in dem der Arbeitgeber die Prognose aufstellen muss, ist der des Ausspruchs der Kündigung. Dies hat die Konsequenz, dass Gründe, die nach Ausspruch und nach Zugang der Kündigung die Prognose erschüttern, an der Wirksamkeit der Kündigung nichts ändern: Die Kündigung bleibt trotzdem wirksam. Die Arbeitnehmerin bzw. der Arbeitnehmer hat in diesem Fall ggf. jedoch einen Weiterbeschäftigungsanspruch, d. h. einen Anspruch auf Neuabschluss des Arbeitsvertrages, den sie bzw. er notfalls auch gerichtlich geltend machen kann.

2.7 Kündigung im Kleinbetrieb oder innerhalb der ersten sechs Monate

Eine Kündigung in einem Kleinbetrieb mit fünf oder weniger Arbeitnehmerinnen und Arbeitnehmern kann auch ohne die Anwendbarkeit des Kündigungsschutzgesetzes unwirksam sein.

Denn:
Ein Mindestmaß an Kündigungsschutz besteht auch hier. Nach der Rechtsprechung dürfen Kündigungen in Kleinbetrieben nicht sittenwidrig sein oder gegen die Grundsätze von Treu und Glauben verstoßen.

Die Kündigung im Kleinbetrieb bzw. während der ersten sechs Monate des Arbeitsverhältnisses ist dadurch gekennzeichnet, dass der Arbeitgeber bei dem Prüfungsschritt „allgemeiner Kündigungsschutz" zu dem Ergebnis kommt, dass das Kündigungsschutzgesetz (KSchG) nicht beachtet werden muss. Dies kann – wie oben bereits ausgeführt – der Fall sein, wenn

- die konkrete Mitarbeiterin bzw. der konkrete Mitarbeiter gemäß § 1 Abs. 1 KSchG noch nicht länger als sechs Monate ununterbrochen in dem Unternehmen beschäftigt ist („Kündigung während der ersten sechs Monate") oder

- gemäß § 23 Abs. 1 KSchG in dem Betrieb in der Regel nicht mehr als fünf bzw. zehn Vollzeitarbeitnehmerinnen bzw. -arbeitnehmer beschäftigt sind („Kündigung im Kleinbetrieb").

Muss das KSchG nicht beachtet werden, so ist die ordentliche Arbeitgeberkündigung deutlich leichter durchsetzbar. Es muss dann nämlich kein Kündigungsgrund vorhanden sein, der die Kündigung sozial rechtfertigt. Es muss also kein personenbedingter, verhaltensbedingter oder betriebsbedingter Kündigungsgrund nach § 1 Abs. 1 und 2 KSchG vorliegen.

Die ordentliche Kündigung ist damit bereits grundsätzlich wirksam, wenn der Arbeitgeber zu dem Ergebnis kommt, dass kein besonderer Kündigungsschutz eingreift, und er dann den Betriebsrat bzw. Personalrat ordnungsgemäß beteiligt sowie anschließend die Kündigung gegenüber der Mitarbeiterin bzw. dem Mitarbeiter wirksam erklärt.

Wichtig:
Der Mindestkündigungsschutz ist zu beachten!

Auch ohne Anwendbarkeit des KSchG genießen Arbeitnehmerinnen und Arbeitnehmer jedoch einen Mindestkündigungsschutz, der aufgrund der grundrechtlichen Berufsfreiheit nach Art. 12 Abs. 1 GG geboten ist. Trotz der grundsätzlich bestehenden Kündigungsfreiheit des Arbeitgebers müssen für die ordentliche Kündigung daher folgende Grenzen beachtet werden:

- Die Kündigung darf nicht gemäß § 138 Abs. 1 BGB sittenwidrig sein. Sittenwidrig ist eine Kündigung dann, wenn sie auf einem verwerflichen Motiv des Arbeitgebers beruht oder sonst dem Anstandsgefühl aller billig und gerecht Denkenden in gröblicher Weise widerspricht. Sittenwidrigkeit ist nicht schon dann gegeben, wenn die Kündigung unsozial ist oder es keinen erkennbaren sinnvollen Grund dafür gibt. Sittenwidrigkeit bei Kündigungen kommt damit nur in Ausnahmefällen in Betracht.

- Die Kündigung darf nicht gemäß § 242 BGB gegen Treu und Glauben verstoßen, also willkürlich sein oder auf sachfremden

Motiven beruhen. Typischerweise sind Kündigungen dann treuwidrig, wenn sie auf einem widersprüchlichen Verhalten des Arbeitgebers beruhen, zur Unzeit oder in ehrverletzender Form ausgesprochen werden, diskriminierend sind oder auf Auswahlentscheidungen beruhen, die jede soziale Rücksichtnahme vermissen lassen. Eine willkürliche oder sachfremde Ausübung des Kündigungsrechts scheidet hingegen aus, wenn ein irgendwie einleuchtender Grund für die Kündigung besteht.

- Die Kündigung darf nicht gegen das Maßregelungsverbot gemäß § 612 a BGB verstoßen. Nach § 612a BGB darf ein Arbeitgeber eine Mitarbeiterin bzw. ein Mitarbeiter nicht deshalb kündigen („Maßnahme“), weil diese oder dieser in zulässiger Weise ihre bzw. seine Rechte ausübt. Die zulässige Rechtsausübung muss für den Arbeitgeber aber der tragende Beweggrund, also wesentliches Motiv für die Kündigung sein.

Wichtig:
Die Darlegungs- und Beweislast für das Vorliegen derjenigen Tatsachen, aus denen sich die Treu- und Sittenwidrigkeit ergeben soll, liegt bei der Arbeitnehmerin bzw. beim Arbeitnehmer. Dies erschwert natürlich die Geltendmachung der Unwirksamkeit solcher Kündigungen, wenn der Arbeitgeber „taugliche“ Kündigungsgründe vorschiebt.

Beispiele:

Nach der Rechtsprechung wurden die vorgenannten Grenzen z. B. in den folgenden Fällen nicht beachtet:

Kündigung wegen krankheitsbedingten Fehlens
Thüringer LAG, Beschluss vom 19.6.2007, 5 Ta 55/07

Eine Kündigung, mit der der Arbeitgeber den Eintritt einer Erkrankung eines Arbeitnehmers mit einer Kündigung maßregeln will, ist eine gegen Treu und Glauben verstoßende unzulässige Rechtsausübung (§ 242 BGB). Der Kündigung lag ein Verkehrsunfall zugrunde, den der Kläger auf dem Heimweg von der Arbeit erlitt und infolgedessen er für einen Tag ins Krankenhaus eingeliefert und anschließend arbeitsunfähig geschrieben wurde. Der krankmeldenden Schwester des Arbeitnehmers antwortete der Arbeitgeber sinngemäß am Telefon, sie solle nicht seine wertvolle Zeit verschwenden, er könne nur Mitarbeiter brauchen, die am Arbeitsplatz ihre Arbeit tun ... wer krank mache, aus welchem Grund auch immer, könne in dieser Firma nur noch mit der Kündigung rechnen ... außerdem sei der Kläger ohnehin nur in der Probezeit ...

Kündigung aus wirtschaftlichen Gründen
BAG, Urteil vom 21.2.2001, 2 AZR 15/00
Soweit im Falle einer Kündigung unter mehreren Arbeitnehmerinnen und Arbeitnehmern eine Auswahl zu treffen ist, hat auch der Arbeitgeber im Kleinbetrieb, auf den das Kündigungsschutzgesetz keine Anwendung findet, ein durch Art. 12 GG gebotenes Mindestmaß an sozialer Rücksichtnahme zu wahren. Eine Kündigung, die dieser Anforderung nicht entspricht, verstößt gegen Treu und Glauben (§ 242 BGB) und ist deshalb unwirksam. Wird bei einem Vergleich der Beschäftigten festgestellt, dass der gekündigte Arbeitnehmer sozial erheblich schutzbedürftiger ist als ein vergleichbarer weiterbeschäftigter Arbeitnehmer, so spricht dies zunächst dafür, dass der Arbeitgeber das gebotene Mindestmaß an sozialer Rücksichtnahme außer Acht gelassen hat. Setzt der Arbeitgeber dem schlüssigen Sachvortrag des Arbeitnehmers weitere (betriebliche, persönliche etc.) Gründe entgegen, die ihn zu der getroffenen Auswahl bewogen haben, so hat unter dem Gesichtspunkt von Treu und Glauben eine Abwägung

zu erfolgen. Der unternehmerischen Freiheit des Arbeitgebers im Kleinbetrieb kommt bei dieser Abwägung dann ein erhebliches Gewicht zu.

Kündigung wegen belastender Zeugenaussage
LAG Sachsen-Anhalt, Urteil vom 14.2.2006, 8 Sa 385/05
Die Kündigung aufgrund einer Zeugenaussage einer Arbeitnehmerin gegen den Arbeitgeber (wegen unerlaubten Entfernens vom Unfallort) verstößt gegen § 612a BGB. Dieser schützt nicht lediglich vor Benachteiligungen wegen Ausübung von Arbeitnehmerrechten, sondern schützt jede Form der zulässigen Rechtsausübung durch die Arbeitnehmerin bzw. den Arbeitnehmer wie z. B. eine wahrheitsgemäße Zeugenaussage in einem Strafverfahren.

Kündigung wegen Heirat mit einer Chinesin
LAG Schleswig-Holstein, Urteil vom 22.6.2011, 3 Sa 95/11
Eine Kündigung wegen der Eheschließung des Arbeitnehmers mit einer Chinesin verstößt gegen § 242 BGB, wenn diese familiären Verhältnisse schon bei der Einstellung bekannt waren, als unbeachtlich eingeordnet wurden und sich auch arbeitstechnisch keinerlei Tatsachenveränderung ergeben hat. (Die Arbeitgeberin als Lieferantin u. a. der Bundeswehr hatte den Arbeitnehmer wegen dessen Eheschließung als Sicherheitsrisiko eingeordnet.) Die Kündigung innerhalb der ersten sechs Monate des Arbeitsverhältnisses ist auch sittenwidrig (§ 138 BGB), weil die Arbeitgeberin den seit mehreren Jahren bei ihr im Wege der Arbeitnehmerüberlassung eingesetzten Arbeitnehmer in Kenntnis von dessen langjähriger familiärer Beziehung zu einer in China lebenden chinesischen Staatsangehörigen nicht als Sicherheitsrisiko einordnet, ihn dann in Kenntnis seiner Eheschließung abwirbt, ihm kurz darauf ohne Veränderung der tatsächlichen oder rechtlichen Situation in der Wartezeit des § 1 KSchG wegen dieser persönlichen Verhältnisse kündigt und ihn gegen eine andere

Arbeitskraft austauscht.

Kündigung wegen des Verdachts der Gewerkschaftszugehörigkeit

BAG, Urteil vom 5.3.1987, 2 AZR 187/86

Kündigt ein Arbeitgeber einem Arbeitnehmer innerhalb der ersten sechs Monate und ist dessen Gewerkschaftszugehörigkeit das vorrangige und bestimmende Motiv, so ist die Kündigung unwirksam (das BAG hat die Unwirksamkeit allerdings auf § 134 BGB i. V. m. Art. 9 Abs. 3 GG gestützt).

Kündigung wegen Beanspruchung von Vorruhestandsgeld

BAG, Urteil vom 2.4.1987, 2 AZR 227/86

Kündigt ein Arbeitgeber einem Arbeitnehmer, nachdem dieser einen Antrag auf Gewährung von tariflichem Vorruhestandsgeld gestellt hat, nur deshalb, um den Eintritt des Vorruhestandes zu verhindern, so liegt eine Maßregelung nach § 612a BGB vor.

Kündigung in der Probezeit wegen Homosexualität

BAG, Urteil vom 23.6.1994, 2 AZR 617/93

Es ist rechtsmissbräuchlich (§ 242 BGB), wenn der Arbeitgeber dem Arbeitnehmer nur wegen seines persönlichen (Sexual-)Verhaltens innerhalb der Probezeit kündigt.

In den folgenden Fällen hat die Rechtsprechung z. B. keinen Verstoß angenommen:

Kündigung wegen zu erwartender Fehlzeiten I

LAG Schleswig-Holstein, Urteil vom 17.11.1997, 5 Sa 184/97

Die Kündigung eines Arbeitsverhältnisses mit einer Arbeitnehmerin wegen zu erwartender Fehlzeiten als Folge von Versuchen künstlicher Befruchtung verstößt nicht gegen die §§ 138, 242, 612a BGB.

Kündigung wegen zu erwartender Fehlzeiten II
BAG, Urteil vom 16.2.1989, 2 AZR 347/88
Die Kündigung eines mit dem HI-Virus infizierten Arbeitnehmers verstößt nicht gegen § 138 BGB, § 242 BGB oder § 612a BGB, wenn der Arbeitnehmer nach Kenntnis von der Infektion einen Selbsttötungsversuch unternommen hat, danach rund drei Monate arbeitsunfähig krank war, dieser Zustand nach einem vor Ausspruch der Kündigung vorgelegten ärztlichen Attest bis auf weiteres fortbestehen sollte und diese Umstände für die Kündigung mitbestimmend waren.

Kündigung wegen langer Krankheit
LAG Mecklenburg-Vorpommern,
Urteil vom 24.1.2012, 5 Sa 153/11
Ist das Arbeitsverhältnis durch eine lang anhaltende Krankheit des Arbeitnehmers mit ungewissem Zeitpunkt der Wiederherstellung der Arbeitsfähigkeit belastet, verstößt eine deshalb ausgesprochene Kündigung nicht gegen § 242 BGB. Das gilt auch dann, wenn der Arbeitgeber gleichzeitig für die Arbeitsaufgabe des gekündigten Arbeitnehmers eine Ersatzkraft unbefristet einstellt.

Kündigung wegen wiederholter Fehlleistung
BAG Urteil vom 28.8.2003, 2 AZR 333/02
Die Kündigung eines langjährigen Mitarbeiters wegen wiederholter Fehlleistungen (mehrjährige Kette von Fehlleistungen) verstößt nicht gegen § 242 BGB. Die auch außerhalb des Kündigungsschutzgesetzes gebotene Berücksichtigung des durch langjährige Beschäftigung entstandenen Vertrauens erfordert, dass der Grund für Kündigungen gegenüber langjährig beschäftigten Arbeitnehmerinnen und Arbeitnehmern auch angesichts der Betriebszugehörigkeitsdauer „einleuchten" muss. Hier war

das aufgrund der wiederholten Fehlleistungen der Fall.
Wichtig:
Nach der Entscheidung des BAG kann es aber als treuwidrig zu werten sein, wenn der Arbeitgeber die Kündigung auf – auch im Kleinbetrieb eindeutig nicht ins Gewicht fallende – einmalige Fehler eines seit Jahrzehnten beanstandungsfrei beschäftigten Arbeitnehmers stützen will (BAG, Beschluss vom 8.12..2011, 6 AZN 1371/11).

Kündigung aufgrund von Arbeitsunfähigkeit wegen eines Arbeitsunfalls innerhalb der ersten sechs Monate des Arbeitsverhältnisses
LAG Baden-Württemberg, Urteil vom 5.7.2011, 22 Sa 11/11
Eine Kündigung während der ersten sechs Monate des Arbeitsverhältnisses wegen Arbeitsunfähigkeit des Arbeitnehmers aufgrund eines Arbeitsunfalls verstößt regelmäßig nicht gegen die guten Sitten (§ 138 Abs. 1 BGB) oder den Grundsatz von Treu und Glauben (§ 242 BGB), wenn den Arbeitgeber kein oder nur ein geringes Verschulden an der Arbeitsunfähigkeit des Arbeitnehmers trifft und nicht feststeht, ob und gegebenenfalls wann der Arbeitnehmer die ihm obliegende Tätigkeit wieder ausüben kann.

Wichtig:
Nach der zitierten LAG-Entscheidung ließe sich ein widersprüchliches und rechtsmissbräuchliches und damit treuwidriges Arbeitgeberverhalten dann ableiten, wenn der Arbeitgeber grob fahrlässig einen Arbeitsunfall verursacht und ausschließlich selbigen dann als Kündigungsanlass herangezogen hätte.

Kündigung wegen Arbeitsunfähigkeit
LAG Rheinland-Pfalz, Beschluss vom 4.4.2007, 2 Ta 84/07
Allein der Wunsch, sich von einem Arbeitnehmer zu trennen, der mehrere Wochen arbeitsunfähig krank ist, rechtfertigt nicht die

Annahme der Treu- oder Sittenwidrigkeit des Verhaltens.
Kündigung wegen ungepflegten Erscheinungsbildes
ArbG Köln, Urteil vom 25.3.2010, 4 Ca 10458/09
Eine Kündigung innerhalb der ersten sechs Monate wegen eines ungepflegten Erscheinungsbildes (starker Schweißgeruch und unsaubere Hände) verstößt nicht gegen § 242 BGB.

Kündigung wegen fehlenden Vertrauens I
BAG Urteil vom 22.4.2010, 6 AZR 828/08
Konnte das für eine dauerhafte Zusammenarbeit erforderliche Vertrauensverhältnis innerhalb der ersten sechs Monate nicht aufgebaut werden, verstößt eine darauf gestützte Kündigung nicht gegen § 242 BGB. Den Nachweis, worauf der als Kündigungsgrund herangezogene Vertrauensverlust basiert, muss der Arbeitgeber nicht führen.

Kündigung wegen fehlenden Vertrauens II
BAG Urteil vom 25.4.2001, 5 AZR 360/99
Der auf konkreten Umständen beruhende Vertrauensverlust gegenüber einem Arbeitnehmer vermag, soweit das Kündigungsschutzgesetz wegen Vorliegens eines Kleinbetriebes nicht anwendbar ist, eine ordentliche Kündigung durch den Arbeitgeber auch dann zu rechtfertigen, wenn die Umstände, auf denen der Vertrauensverlust beruht, objektiv nicht zu verifizieren sind. Ein Verstoß gegen § 242 BGB liegt nicht vor.

2.8 Betriebsbedingte Kündigung

Eine betriebsbedingte Kündigung setzt im Gegensatz zu den weiteren Kündigungsarten voraus, dass der Anlass der Kündigung nicht im Verhalten oder der Person der Arbeitnehmerin bzw. des Arbeitnehmers, sondern im Betrieb des Arbeitgebers angelegt ist.

Vor diesem Hintergrund steht die betroffene Arbeitnehmerin bzw. der betroffene Arbeitnehmer nicht zu Beginn der Kündigungsentscheidung fest, sondern ist das Ergebnis einer zwischen verschiedenen in Frage kommenden Arbeitnehmerinnen und Arbeitnehmern zu treffenden sozialen Auswahl.

Im Falle einer betriebsbedingten Kündigung hat der Arbeitgeber eine

- unternehmerische Entscheidung getroffen, die zum
- Wegfall des Arbeitsplatzes führt.
- Die zur Entscheidung führenden Tatsachen müssen tatsächlich gegeben sein.
- Der Arbeitsplatz muss tatsächlich wegfallen.
- Die Entscheidung muss kausal für den Wegfall des Arbeitsplatzes geworden sein.
- Ein milderes Mittel darf nicht gegeben sein.
- Eine Prognose muss ergeben, dass der Arbeitsplatz mit Ablauf der Kündigungsfrist wegfällt.
- Zudem muss der Arbeitgeber die sozialen Belange des § 1 Abs. 3 KSchG ausreichend berücksichtigen.

Die unternehmerische Entscheidung
Eine unternehmerische Entscheidung ist eine freie Entscheidung des Arbeitgebers. Sie folgt wirtschaftlichen Beweggründen und

muss nicht gesondert begründet werden. Der Arbeitgeber kann frei entscheiden, ob er den Betrieb mit Vollzeit- oder Teilzeitkräften führen möchte, ob er an Standort A oder B produziert und ob er seinen Betrieb mit 100 oder 50 Mitarbeiterinnen und Mitarbeitern führen möchte. Diese Entscheidungen können nicht durch das Arbeitsgericht überprüft werden.

Die Arbeitsgerichte prüfen nur, ob die Entscheidung tatsächlich getroffen wurde.

Arbeitswegfall und Kausalität

Aufgrund der unternehmerischen Entscheidung muss rechnerisch der Arbeitsplatz weggefallen sein, sodass der Arbeitgeber nun mehr Arbeitnehmerinnen bzw. Arbeitnehmer zur Verfügung hat, als er tatsächlich benötigt.

Keine milderen Mittel

Die Weiterbeschäftigung der Arbeitnehmerin bzw. des Arbeitnehmers im selben Betrieb oder einem anderen Betrieb des Unternehmens darf nicht möglich sein. Allerdings müssen andere in Betracht kommende Arbeitsplätze vergleichbar und entweder unbesetzt sein oder mit Ablauf der Kündigungsfrist frei werden.

Ein Arbeitsplatz ist dann vergleichbar, wenn der Arbeitgeber die Arbeitnehmerin bzw. den Arbeitnehmer im Wege der Ausübung des Direktionsrechtes umsetzen könnte. In diesem Zusammenhang gewinnen die so genannten weiten Versetzungsklauseln in Arbeitsverträgen Bedeutung. Sie erweitern das Direktionsrecht und ermöglichen so einen weitergehenden Einsatz der Arbeitnehmerin bzw. des Arbeitnehmers.

Im Blick auf eine auszusprechende betriebsbedingte Kündigung erschwert sich diese für den Arbeitgeber, da sich durch weite Versetzungsklauseln die Zahl der Mitarbeiterinnen und Mitarbeiter erhöht, die er bei der vorzunehmenden Sozialauswahl einbeziehen muss. Zusätzlich muss der Arbeitgeber immer eine Änderungskündigung (siehe Kapitel 2.12) als milderes Mittel gegenüber einer Beendigungskündigung vorziehen.

Die Sozialauswahl

Der Arbeitgeber muss, sofern feststeht, dass Arbeitsplätze wegfallen, ermitteln, welche konkreten Arbeitnehmerinnen und Arbeitnehmer von dem Wegfall betroffen sind.

In einigen Fällen, z. B. bei einer Betriebsstilllegung, entfällt die Sozialauswahl von vornherein, da sämtlichen Mitarbeiterinnen und Mitarbeitern zu kündigen ist.

Die Sozialauswahl entfällt in diesem Fall nicht nur dann, wenn der Betrieb bereits geschlossen ist und die Kündigungen anschließend erklärt werden, sondern auch schon im Fall der nur beabsichtigten Betriebsstilllegung, die zum Zeitpunkt des Kündigungsausspruchs bereits so genannte greifbare Formen angenommen hat, sofern der Betrieb spätestens mit Ablauf der jeweiligen Kündigungsfrist stillgelegt ist.

Gleiches gilt, wenn mehrere Unternehmen einen Gemeinschaftsbetrieb bilden und sich ein Unternehmen vollständig aus diesem Gemeinschaftsbetrieb zurückzieht, weil es z. B. beabsichtigt, seinen Geschäftsbetrieb einzustellen. In diesem Fall können die Mitarbeiterinnen und Mitarbeiter dieses Unternehmens im Grundsatz ohne vorherige Durchführung einer sozialen Auswahl gekündigt werden, weil der einheitliche – unternehmensübergreifende – Leitungsapparat, der maßgeblich für den (Gemeinschafts-)Betrieb ist, zum Kündigungszeitpunkt nicht mehr existiert, bzw. weil absehbar ist, dass die einheitliche Leitung zum Zeitpunkt der Betriebsteilstilllegung nicht mehr bestehen wird.[55] Eine soziale Auswahl bleibt hingegen notwendig, wenn die einheitliche personelle Leitung eines Gemeinschaftsbetriebes faktisch trotz Betriebsteilstilllegung fortgeführt wird.[56]

Vergleichbare Mitarbeiterinnen und Mitarbeiter

Soweit feststeht, welche Arbeitsplätze wegfallen werden, ist zu klären, welche konkreten Arbeitnehmerinnen und Arbeitnehmer von dem Wegfall der Arbeitsplätze betroffen sind. Anhand der festgestellten Mitarbeiterinnen und Mitarbeiter ist zu ermitteln, ob es weitere mit diesen Personen vergleichbare Arbeitnehmerinnen und Arbeitnehmer gibt, die ggf. alternativ gekündigt werden können und somit in eine soziale Auswahl einzubeziehen sind.

Bei Vorhandensein mehrerer vergleichbarer Arbeitnehmerinnen und Arbeitnehmer ist die soziale Auswahl entscheidend dafür, welcher konkreten Person bei Fortfall eines Arbeitsplatzes zu kündigen ist. Dies ergibt sich aus § 1 KSchG, da die Kündigung sozial gerechtfertigt sein muss.

Den Rahmen für die Durchführung der Sozialauswahl bildet der Betrieb im kündigungsschutzrechtlichen Sinn.

Es findet keine Ausweitung auf das Unternehmen statt. Die Sozialauswahl bleibt vielmehr selbst dann betriebsbezogen, wenn das Direktionsrecht des Arbeitgebers sich auf das Unternehmen bezieht (überbetriebliche Versetzungsklausel).[57] Letzteres begründet lediglich ggf. eine Weiterbeschäftigungspflicht (siehe Kapitel 2.4) der Arbeitnehmerin bzw. des Arbeitnehmers auf freien Arbeitsplätzen in dem Unternehmen des Arbeitgebers.

[55] *Vgl. BAG, Urteil vom 27. November 2003 zum Geschäftszeichen 2 AZR 48/03*

[56] *Vgl. BAG, Urteil vom 24. Februar 2005 zum Geschäftszeichen 2 AZR 214/04*

[57] *Vgl. BAG, Urteil vom 2. Juni 2005 zum Geschäftszeichen 2 AZR 158/04; sowie BAG, Urteil vom 15. Dezember 2005 zum Geschäfszeichen 6 AZR 199/05*

Eine Sozialauswahl kann jedoch auch betriebsübergreifend erfolgen, wenn mehrere Unternehmen einen Gemeinschaftsbetrieb unterhalten.

Zu berücksichtigen ist, dass die soziale Auswahl nur zwischen Arbeitnehmerinnen und Arbeitnehmern mit vergleichbaren Tätigkeiten und in der gleichen Hierarchieebene des Betriebs (horizontale Vergleichbarkeit) vorzunehmen ist. Vergleichbarkeit bedeutet auch Austauschbarkeit der Personen, d. h. dass diese Arbeitnehmerinnen und Arbeitnehmer im Wege des Weisungsrechtes des Arbeitgebers umsetzbar sind, ohne dass es einer längeren Einarbeitungszeit erfordert. Sie setzt voraus, dass eine Mitarbeiterin oder ein Mitarbeiter einseitig ohne Änderung des Arbeitsvertrages auf den jeweils anderen, gleichwertigen Arbeitsplatz versetzt werden kann (rechtliche Vergleichbarkeit).

Wechselseitige Austauschbarkeit ist nicht erforderlich.[58] Für die Beurteilung der Gleichwertigkeit kann die tarifliche Eingruppierung als Indiz herangezogen werden; nur bei Hilfstätigkeiten kommt ihr allerdings entscheidende Bedeutung zu.[59] Eine rechtliche Vergleichbarkeit in diesem Sinne ist nicht gegeben, wenn eine Versetzung nach dem Arbeitsvertrag nur an einen anderen Ort und nur mit der Zustimmung der Arbeitnehmerin bzw. des Arbeitnehmers bzw. nur vertretungsweise erfolgen kann.

Vollzeit- und Teilzeitbeschäftigte oder auch Teilzeitbeschäftigte untereinander sind dann vergleichbar, wenn es nur um den Abbau von Arbeitsvolumina bzw. des Stundenkontingents geht. Anderes gilt nur, wenn eine nachweisbare Organisationsentscheidung besteht, bestimmte Tätigkeiten nur von Vollzeitkräften erledigen zu lassen, so z. B. bei Reinigungsdienstleistungen in Krankenhausbetrieben, wenn die Arbeitgeberin sich nachvollziehbar dazu entscheidet, ihre Reinigungskräfte lediglich in ei-

[58] *Vgl. BAG, Urteil vom 18. Okober 2006 zum Geschäftszeichen 2 AZR 676/05*
[59] *Vgl. BAG, Urteil vom 25. April 1985 zum Geschäftszeichen 2 AZR 140/84*

nem Objekt entsprechend den objektbezogenen Arbeitsplatzanforderungen zu beschäftigen und keine geteilten Dienste anzubieten.[60]

Für eine Vergleichbarkeit ist weiter erforderlich, dass die Person, deren Arbeitsplatz betriebsbedingt entfällt, die Arbeit der anderen Person außerdem tatsächlich ausüben kann. Insoweit ist zu prüfen, ob die betroffene Person ausgehend von ihren bisherigen Kenntnissen und Fähigkeiten ggf. auf einem anderen, aber gleichwertigen Arbeitsplatz in zumutbarer Zeit eingearbeitet werden kann (tatsächliche Vergleichbarkeit).[61]

Über die Länge der Einarbeitungszeit herrscht keine Einigkeit. Sie ist einzelfallabhängig. Eine kurze Einarbeitungszeit bis zu einem Monat ist in jedem Fall zuzubilligen. Im Einzelfall können jedoch bereits zwei bis drei Monate zu lang sein. In der Rechtsprechung der regionalen Gerichte wird zum Teil vertreten, dass die jeweilige Kündigungsfrist bzw. die Länge der betriebsüblichen Probezeit maßgeblich sei. Das BAG prüft unter dem Maßstab, ob die Einarbeitung „angemessen“ ist.[62]

Zu berücksichtigende Kriterien
Kommen danach mehrere vergleichbare Arbeitnehmerinnen und Arbeitnehmer für eine Kündigung in Frage, so ist zwischen ihnen nach den in § 1 Abs. 3 S. 1 KSchG vorgegebenen sozialen Gesichtspunkten

- Dauer der Betriebszugehörigkeit,
- Lebensalter,
- Unterhaltspflichten,
- ggf. Schwerbehinderung

[60] *Vgl. BAG, Urteil vom 15. Juli 2004 zum Geschäftszeichen 2 AZR 376/03*
[61] *Vgl. BAG, Urteil vom 18. Oktober 2006 zum Geschäftszeichen 2 AZR 676/05*
[62] *Vgl. BAG, Urteil vom 5. Juni 2008 zum Geschäftszeichen 2 AZR 907/06*

eine Auswahl zu treffen, wobei keinem dieser vier Auswahlkriterien herausragende Bedeutung zukommt. Bei ihrer Gewichtung steht dem Arbeitgeber ein Wertungsspielraum zu.[63] Im Allgemeinen ist jedoch festzustellen, dass der Betriebszugehörigkeitsdauer und dem Kriterium Lebensalter das größte Gewicht zukommt.

Gerade bei umfangreicheren Personalabbaumaßnahmen sind mittlerweile Auswahlrichtlinien üblich, in denen die verschiedenen Sozialkriterien bepunktet werden. Die Verwendung eines Punkteschemas ist – das Vorhandensein eines Betriebsrates vorausgesetzt – gem. § 95 Abs. 3 BetrVG (Auswahlrichtlinien) mitbestimmungspflichtig. Sie hat aber den Vorteil, dass die Sozialauswahl im engeren Sinn nur noch auf grobe Fehlerhaftigkeit überprüft werden kann, § 1 Abs. 4 KSchG. Auswahlrichtlinien können auch in einem Interessenausgleich vereinbart oder in einem Tarifvertrag enthalten sein.

Hingegen genießen einseitig vom Arbeitgeber aufgestellte Punktsysteme nicht die Privilegierungswirkung des § 1 Abs. 4 KSchG.

Wie sich das Allgemeine Gleichbehandlungsgesetz (AGG) auf das Kriterium Lebensalter auswirkt, war zunächst umstritten. Mittlerweile ist entschieden, dass das Lebensalter auch nach Inkrafttreten des AGG noch berücksichtigt werden darf. Eine Berücksichtigung des Lebensalters im Rahmen der Sozialauswahl i. S. d. § 1 Abs. 3 S. 1 KSchG stellt keine Altersdiskriminierung gem. §§ 1, 2 Abs. 1 Nr. 2 AGG dar. Danach können die Betriebsparteien in einer Auswahlrichtlinie nach § 95 BetrVG und einer Namensliste nach § 1 Abs. 5 S. 1 KSchG das Lebensalter als Auswahlkriterium durchgehend „linear“ berücksichtigen und müssen nicht zuvor nach Altersgruppen differenzieren.[64]

[63] *Vgl. BAG, Urteil vom 2. Juni 2005 zum Geschäftszeichen 2 AZR 480/04*
[64] *Vgl. BAG, Urteil vom 5. November 2009 zum Geschäftszeichen 2 AZR 676/08*

Für die Durchführung der Sozialauswahl anhand der Sozialdaten sind die tatsächlichen Verhältnisse maßgebend.

Dem Arbeitgeber ist daher zu empfehlen, die Mitarbeiterinnen und Mitarbeiter aufzufordern, ihre Sozialdaten bis zu einem bestimmten Stichtag mitzuteilen. Wenn er keine von seinen Daten abweichenden Mitteilungen erhält, kann der Arbeitgeber auf die ihm bekannten Daten zurückgreifen.[65] Er darf sich im Regelfall auch auf die Eintragungen der steuerlichen Unterlagen verlassen, sofern er keine Anhaltspunkte dafür hat, dass diese Angaben nicht zutreffend sind. Soweit ihm Sozialdaten unbekannt sind, können sie ihm im Prozess über die Wirksamkeit der Kündigung nur entgegengehalten werden, wenn er diese hätte kennen müssen.[66]

Bei Feststellung der Beschäftigungszeiten sind auch solche Zeiten zu berücksichtigen, die aufgrund vertraglicher Vereinbarung der Arbeitsvertragsparteien über die Anerkennung früherer Beschäftigungszeiten beim selben Arbeitgeber oder einem anderen Unternehmen anzurechnen sind. Dies gilt nicht, wenn diese Individualvereinbarungen rechtsmissbräuchlich getroffen werden und der Umgehung der Sozialauswahl dienen.[67]

Unterhaltsverpflichtungen gegenüber einer Ehefrau können anerkannt werden, obwohl diese selbst in einem Beschäftigungsverhältnis steht. Der Arbeitgeber kann somit einen „Doppelverdienst" außer Betracht lassen.[68]

Nicht in die Sozialauswahl einzubeziehende Arbeitnehmerinnen und Arbeitnehmer

Mitarbeiterinnen und Mitarbeiter mit besonderem Kündigungs-

[65] *Vgl. BAG, Urteil vom 5. Dezember 2002 zum Geschäftszeichen 2 AZR 697/01*
[66] *Vgl. BAG, Urteil vom 17. Januar 2008 zum Geschäftszeichen 2 AZR 405/06; sowie BAG, Urteil vom 6. Juli 2006 zum Geschäftszeichen 2 AZR 520/05*
[67] *Vgl. BAG, Urteil vom 2. Juni 2005 zum Geschäftszeichen 2 AZR 480/04*
[68] *Vgl. BAG, Urteil vom 12. März 2009 zum Geschäftszeichen 2 AZR 418/04*

schutz können von vornherein aus dem Kreis vergleichbarer Personen ausgenommen werden.

Dies gilt insbesondere für Betriebsratsmitglieder, und zwar auch in einer Insolvenz des Arbeitgebers.[69] Das gilt auch, wenn im Zeitpunkt der beabsichtigten Kündigung der Sonderkündigungsschutz voraussichtlich alsbald auslaufen wird.[70]

Nicht an der Sozialauswahl nehmen ferner Schwerbehinderte teil (§§ 85 ff. SGB IX) sowie Schwangere und Elternzeitler (§§ 9 MuSchG, § 18 BErzGG), es sei denn, die für eine Kündigung erforderliche Zustimmung der zuständigen staatlichen Stelle wurde vor der Sozialauswahl erteilt.[71]

Von der Sozialauswahl auszunehmen sind tariflich „unkündbare" Mitarbeiterinnen und Mitarbeiter.[72] Nicht erfasst sind schließlich Mitarbeiterinnen und Mitarbeiter ohne Kündigungsschutz nach dem KSchG: Sie sind zunächst zu kündigen.

In die soziale Auswahl sind unter bestimmten Voraussetzungen einzelne Arbeitnehmerinnen und Arbeitnehmer nicht einzubeziehen, deren Weiterbeschäftigung, insbesondere wegen ihrer Kenntnisse, Fähigkeiten und Leistungen, (z. B. wegen besonderer Ausbildungs- oder Qualifikationsmerkmale bzw. wichtiger Kundenkontakte (sog. Leistungsträger)) oder zur Sicherung einer ausgewogenen Personalstruktur des Betriebes, im berechtigten betrieblichen Interesse liegt (siehe auch § 1 Abs. 3 S. 2 KSchG).

Feste Grenzen, wann noch von einzelnen Arbeitnehmerinnen und Arbeitnehmern auszugehen ist bzw. wann diese Ausnahmeklausel überzogen wird, existieren nicht. Je höher die Prozentzahl der Personen ist, die mit dieser Begründung von der Sozialauswahl

[69] *Vgl. BAG, Urteil vom 17. November 2005 zum Geschäftszeichen 6 AZR 118/05*
[70] *Vgl. BAG, Urteil vom 17. November 2005 zum Geschäftszeichen 2 AZR 118/05*
[71] *Vgl. BAG, Urteil vom 24. März 1983 zum Geschäftszeichen 2 AZR 21/82*
[72] *Vgl. LAG Brandenburg, Urteil vom 29. Oktober 1998 zum Geschäftszeichen 3 Sa 229/98*

ausgenommen werden, desto unglaubwürdiger ist diese Herausnahme der Personen insgesamt. Die Weiterbeschäftigung jeder einzelnen Mitarbeiterin bzw. jedes einzelnen Mitarbeiters muss aus konkreten betrieblichen Belangen erforderlich sein. Reine Nützlichkeitsgesichtspunkte reichen jedenfalls nicht aus.

Fazit
Nach der Durchführung der Sozialauswahl steht fest, welche Arbeitnehmerinnen und Arbeitnehmer am wenigsten schutzwürdig sind. Diesen Personen kann der Arbeitgeber dann wirksam kündigen.

Fehler in der Sozialauswahl können zur Unwirksamkeit der Kündigung führen. Dabei begrenzt die Zahl der Fehler aber nach neuerer BAG-Rechtsprechung die Zahl der „Nachrücker": Ein Nachrücker kann sich mit Erfolg nur auf den Fehler berufen, wenn er ohne ihn nicht hätte gekündigt werden können.[73]

2.9 Massenentlassungen und Anzeigepflichten des Arbeitgebers

Im Zusammenhang mit dem Ausspruch von zahlreichen Kündigungen in einem engen zeitlichen Zeitrahmen bestehen für den Arbeitgeber gemäß den in §§ 17 ff. KSchG festgelegten Pflichten zur Anzeige an die Bundesagentur für Arbeit.

Hier sollen nur die Grundlagen des Verfahrens dargestellt werden. Da bei einer anzeigepflichtigen Maßnahme in aller Regel eine einschneidende Maßnahme, voraussichtlich auch eine Betriebsänderung im Sinne des § 111 BetrVG vorliegen wird, ist es in jedem Fall zu raten, sich anwaltlich beraten zu lassen.

[73] *Vgl. BAG, Urteil vom 9. November 2006 zum Geschäftszeichen 2 AZR 812/05*

Achtung!

Nicht oder nicht ordnungsgemäß gemeldete Massenentlassungen können zur Unwirksamkeit der Kündigungen führen, sodass mit äußerster Sorgfalt auf die Beachtung der Vorschriften zu achten ist

Schwellenwerte
Nach § 17 KSchG ist der Arbeitgeber verpflichtet, vor Massenentlassungen der Agentur für Arbeit schriftlich Anzeige zu erstatten (Anzeigeverfahren). Massenentlassungen liegen vor, wenn

- in Betrieben mit in der Regel mehr als 20 und weniger als 60 Arbeitnehmerinnen und Arbeitnehmern mehr als fünf davon,
- in Betrieben mit in der Regel mindestens 60 und weniger als 500 Arbeitnehmerinnen und Arbeitnehmern 10 % der im Betrieb regelmäßig beschäftigten oder mehr als 25 Arbeitnehmerinnen und Arbeitnehmer und
- in Betrieben mit in der Regel mindestens 500 Arbeitnehmern mindestens 30 davon

innerhalb von 30 Kalendertagen entlassen werden.

Betriebsbegriff
Der Begriff des Betriebs ist identisch mit dem in § 4 BetrVG, § 1 KSchG und § 23 KSchG verwendeten Begriff.

Arbeitnehmerbegriff
Arbeitnehmer i. S. d. § 17 KSchG sind diejenigen im Sinne von § 1 KSchG. Auszubildende und Volontäre werden mit erfasst.

Dagegen greifen die Vorschriften nicht für Heimarbeiter, freie Mitarbeiterinnen und Mitarbeiter und Handelsvertreter. Als Arbeitnehmer gelten auch nicht die in § 17 Abs. 5 KSchG genannten leitenden Mitarbeiterinnen und Mitarbeiter.

Entlassungsbegriff
Eine Entlassung erfolgt meist durch ordentliche Arbeitgeberkündigung. Aber auch Aufhebungsverträge und Änderungskündigungen fallen unter den Begriff der Entlassung, sofern sie vom Arbeitgeber veranlasst werden. Fristlose Kündigungen, Eigenkündigungen sowie Aufhebungsverträge, die allein auf Initiative der Arbeitnehmerin bzw. des Arbeitnehmers geschlossen werden, bleiben wie der bloße Auslauf von Befristungen bei der Ermittlung der Schwellenwerte unberücksichtigt.

Maßgeblicher Zeitpunkt einer Entlassung
Seit dem Urteil des EuGH vom 27.1.2005, C-188/03 (Junk), ist zu berücksichtigen, dass als Entlassung i. S. d. § 17 KSchG bereits der Ausspruch der Kündigungserklärung selbst gilt.

Auswirkung auf Schwellenwert
Nach dem Urteil des EuGH darf ein Arbeitgeber bei Massenentlassungen erst nach Beendigung des Konsultationsverfahrens (Betriebsratsbeteiligung) und nach Anzeige der beabsichtigten Massenentlassung bei der Agentur für Arbeit die Kündigungen aussprechen. Auch Aufhebungsverträge darf er erst nach der Anzeige abschließen.

Konsultationsverfahren
Beabsichtigt der Arbeitgeber, eine anzeigepflichtige Massenentlassung durchzuführen, hat er in Betrieben mit Betriebsrat zunächst nach § 17 Abs. 2 KSchG diesem mindestens zwei Wochen vor der Entlassungsanzeige die erforderlichen Auskünfte zu

erteilen und schriftlich insbesondere über folgende Punkte zu unterrichten:

- die Gründe für die geplanten Entlassungen (Nr. 1)
- die Zahl und die Berufsgruppen der zu entlassenden Arbeitnehmerinnen und Arbeitnehmer (Nr. 2)
- die Zahl und die Berufsgruppen der in der Regel beschäftigten Arbeitnehmerinnen und Arbeitnehmer (Nr. 3)
- den Zeitraum, in dem die Entlassungen vorgenommen werden sollen (Nr. 4)
- die vorgesehenen Kriterien für die Auswahl der zu entlassenden Arbeitnehmerinnen und Arbeitnehmer (Nr. 5)
- die für die Berechnung etwaiger Abfindungen vorgesehenen Kriterien (Nr. 6)

Pflicht zur Beschäftigungssicherung
Zudem haben Arbeitgeber und Betriebsrat über die Möglichkeiten zu beraten, Entlassungen zu vermeiden oder einzuschränken und deren Folgen zu mildern. Der Arbeitgeber muss versuchen, mit dem Betriebsrat zu beraten. Eine reine Information an den Betriebsrat reicht nicht aus. Im Regelfall wird bei einer Überschreitung der Schwellenwerte zudem eine Betriebsänderung im Sinne des § 111 BetrVG vorliegen, sodass nach § 112 BetrVG Interessenausgleichs- und Sozialplanverhandlungen mit dem Betriebsrat durchzuführen sind.

Anzeige bei der Agentur für Arbeit
Der schriftlichen Anzeige an die Bundesagentur für Arbeit muss

nach § 17 Abs. 2 Satz 1 KSchG die Mitteilung an den Betriebsrat nach § 17 Abs. 2 KSchG nebst den weiteren Angaben sowie der Stellungnahme des Betriebsrats beigefügt werden. Zudem muss der Arbeitgeber den Stand der Beratungen mit dem Betriebsrat darlegen. Bei Nichtbeachtung ist die Anzeige unwirksam. Die Angabe kann jedoch nachträglich vervollständigt werden.

Tipp!

Zeitpunkt der Unterrichtung des Betriebsrats
Wegen der möglicherweise zu berücksichtigenden Zwei-Wochen-Frist sollte bei Massenentlassungen der Betriebsrat spätestens 15 Tage vor dem geplanten Ausspruch von Kündigungen unterrichtet werden.

Form und Inhalt der Entlassungsanzeige
Die Anzeige selbst muss die in § 17 Abs. 3 Satz 4 KSchG genannten Informationen enthalten. Die Agenturen für Arbeit haben hierfür amtliche Vordrucke herausgegeben.

Tipp!

Wirksam wird die Anzeige mit Eingang bei der Arbeitsagentur, weshalb anzuraten ist, sich von dort den Eingang bestätigen zu lassen.

Der Arbeitgeber muss dem Betriebsrat eine Abschrift der Anzeige aushändigen.

Folgen einer fehlerhaften Entlassungsanzeige
Eine nicht ordnungsgemäß angezeigte Massenentlassung führt zur Unwirksamkeit der ausgesprochenen Kündigung(en).[74]

[74] *Vgl. BAG, Urteil vom 28. Juni 2012 zum Geschäftszeichen 6 AZR 780/10*

Ob eine Massenentlassungsanzeige fehlerhaft ist, wird zwar nur auf die ausdrückliche Rüge der Arbeitnehmerin bzw. des Arbeitnehmers überprüft, jedoch ist in einem Kündigungsschutzverfahren regelmäßig mit diesem Einwand zu rechnen.

2.10 Personenbedingte Kündigung

Die personenbedingte Kündigung hat ihre Ursache in den individuellen Verhältnissen oder Eigenschaften der Person der Arbeitnehmerin bzw. des Arbeitnehmers. Dies ist z. B. der Fall, wenn sie oder er die Fähigkeit oder Eignung verloren hat, die von ihr bzw. ihm arbeitsvertraglich geschuldeten Leistungen zu erbringen. Beispiele hierfür sind:

- wiederholte Fehlzeiten (Zeitraum: drei Jahre; Umfang: erheblicher Teil der Arbeitszeit, ca. 15 %), wenn abzusehen ist, dass diese auch in Zukunft auftreten werden

- krankheitsbedingte Leistungsminderung eines Arbeitnehmers, wenn betriebliche Interessen erheblich beeinträchtigt werden

- Fehlen oder Wegfall einer wichtigen Berufsqualifikation (z. B. Abschlussprüfung, Führerschein), sofern die Tätigkeit nicht schon langjährig zur Zufriedenheit ausgeübt wurde

Sie kommt in Betracht, wenn die Arbeitnehmerin bzw. der Arbeitnehmer nicht (mehr) die erforderliche Eignung und Fähigkeit besitzt, die Arbeitsleistung zu erbringen. Unter Umständen kann die Grenze zwischen personen- und verhaltensbedingter Kündigung schwierig zu ziehen sein.

Beispiel:
Übermäßiger Alkoholkonsum und damit verbundene Unfähigkeit, die Arbeit zu verrichten. Das BAG unterscheidet zwischen dem steuerbarem Alkoholexzess und der Alkoholsucht. Bei Alkoholsucht scheidet mangels Verschulden die verhaltensbedingte Kündigung aus. Daher kann nur personen- d. h. krankheitsbedingt gekündigt werden.

Eine personenbedingte Kündigung kommt in Betracht, wenn die Mitarbeiterin bzw. der Mitarbeiter die Fähigkeit zur Erbringung der geschuldeten Arbeitsleistung verloren hat.

Sie wird in der Regel in folgenden Schritten geprüft:

Kündigungsgrund in der Person
Als personenbedingte Gründe, die eine ordentliche Kündigung nach § 1 Abs. 2 KSchG sozial rechtfertigen können, kommen solche Umstände in Betracht, die auf einer in der Person der Mitarbeiterin bzw. des Mitarbeiters, somit in den persönlichen Verhältnissen oder Eigenschaften der Mitarbeiterin bzw. des Mitarbeiters liegenden „Störquelle" beruhen.[75] Die Mitarbeiterin bzw. der Mitarbeiter ist aufgrund mangelnder Eignung oder aufgrund der persönlichen Fähigkeiten und Eigenschaften nicht mehr in der Lage, künftig seine arbeitsvertraglichen Verpflichtungen ganz oder teilweise zu erfüllen.[76]

Die Mitarbeiterin bzw. der Mitarbeiter will, kann jedoch nicht mehr die vertraglich geschuldete Leistung erbringen. Auf ein Verschulden der Mitarbeiterin bzw. des Mitarbeiters kommt es dabei nicht an.[77] Bei personenbedingten Gründen entfällt aufgrund der fehlenden arbeitnehmerseitigen Steuerbarkeit der fehlenden Eignung/Fähigkeit das Erfordernis einer vorherigen Abmahnung.[78]

[75] *Vgl. BAG, Urteil vom 5. Juni 2008 zum Geschäftszeichen 2 AZR 984/06*
[76] *Vgl. Schaub, aaO., § 131 Rn. 2*
[77] *Vgl. BAG, Urteil vom 5. Juni 2008 zum Geschäftszeichen 2 AZR 984/06*
[78] *Vgl. Hümmerich/Spirolke, aaO., § 10 Rn. 169*

Die häufigste Form der personenbedingten Kündigung und praxisrelevanteste Fall ist die Kündigung aufgrund Krankheit der Arbeitnehmerin bzw. des Arbeitnehmers.

Achtung!

Die weit verbreitete Annahme, dass eine Kündigung während einer Arbeitsunfähigkeit (Krankheit) nicht erfolgen könne, trifft nicht zu! Zwar kann es Ausnahmen in Tarifverträgen oder Arbeitsverträgen geben, jedoch handelt es sich dabei um Einzelfälle, die nicht allgemeingültig sind. Auch bei einer Kündigung, die während des Krankenstandes zugeht, muss daher die Klagefrist von drei Wochen gem. § 4 S. 1 KSchG beachtet werden!

Eine Krankheit ist nur dann als Kündigungsgrund geeignet, wenn es sich entweder um eine dauerhafte oder eine lang andauernde Arbeitsunfähigkeit handelt. Auch im Falle häufiger Kurzerkrankungen, die auch in der Zukunft erhebliche krankheitsbedingte Fehlzeiten erwarten lassen oder eine durch eine Krankheit verursachte erhebliche Leistungsminderung können eine entsprechende Kündigung rechtfertigen.

Besonders in Bezug auf die krankheitsbedingte Kündigung ist wichtig, dass man sich deutlich macht, dass die Kündigung nicht wegen der Erkrankungen der Mitarbeiterin bzw. des Mitarbeiters in der Vergangenheit ausgesprochen wird, sondern – wie bei jeder anderen Kündigung auch – wegen einer negativen Prognose des gesundheitlichen Zustands der Mitarbeiterin bzw. des Mitarbeiters in der Zukunft erfolgt.

Sofern als Grund der Kündigung die Krankheit der Mitarbeiterin bzw. des Mitarbeiters angeführt werden soll, muss diesbezüglich zunächst eine negative Gesundheitsprognose vorliegen, d. h. Tatsachen, welche die Befürchtung weiterer Erkrankungen in der Zukunft und im bisherigen Umfang rechtfertigen. Bei ausgeheilten Krankheiten, Unfällen oder Krankheiten, bei denen nicht mit einer Wiederholung zu rechnen ist, liegt diese Besorgnis nicht vor. Auch hier ist der Zeitpunkt des Zugangs der Kündigung maßgebend.

Zur Begründung einer Besorgnis, dass auch in Zukunft krankheitsbedingte Fehlzeiten auftreten, verbleibt dem Arbeitgeber lediglich der Verweis auf eine ggf. auch aktuell vorliegende Erkrankung oder krankheitsbedingte Fehlzeiten in der Vergangenheit. Je nach Dauer und Art der dortigen Erkrankungen sind die bisherigen Fehlzeiten als Basis einer Prognose für ggf. in der Zukunft auftretende bzw. zu erwartende Fehlzeiten geeignet. Sie können Indiz für den Krankheitsverlauf und die Fehlzeiten in der Zukunft sein, insbesondere wenn die Zahl der Fehltage in der Vergangenheit steigende Tendenz hatte. Abzustellen ist hierbei grundsätzlich auf die Krankheitszeiten der letzten drei, mindestens jedoch der letzten zwei Jahre. Ab welcher Zahl krankheitsbedingter Fehltage von „häufigen Kurzerkrankungen" auszugehen ist, lässt sich jedoch nicht pauschal beantworten.

Von „häufig" kann jedoch in der Regel dann gesprochen werden, wenn die Fehlzeiten mehr als 12 bis 15 % betragen. Will die Arbeitnehmerin bzw. der Arbeitnehmer eine negative Gesundheitsprognose entkräften, wird dieser bzw. diesem letztendlich spätestens im Kündigungsschutzprozess nichts anderes übrig bleiben, als die Ärzte von ihrer Schweigepflicht zu entbinden, soweit sie ihr bzw. ihm bereits einen positiven Genesungsverlauf bescheinigt haben.

Grundsätzlich ist aber auch festzustellen, dass krankheitsbedingte Fehlzeiten von weniger als sechs Wochen pro Jahr noch nicht erheblich genug sind.

Bei der personenbedingten Kündigung müssen die Gründe in der Person der Mitarbeiterin bzw. des Mitarbeiters einer Weiterbeschäftigung in der Zukunft entgegenstehen. Im Zeitpunkt der Kündigung muss für den Arbeitgeber also nicht damit zu rechnen sein, dass die fehlende Fähigkeit oder Eignung der Mitarbeiterin bzw. des Mitarbeiters in absehbarer Zeit wiederhergestellt werden kann. Der Arbeitgeber muss davon ausgehen, dass sich die Beeinträchtigung seiner betrieblichen bzw. wirtschaftlichen Interessen in der Zukunft nicht nur vorübergehend fortsetzen wird.

Wenn allerdings zum Zeitpunkt der Kündigung abzusehen ist, dass die Mitarbeiterin bzw. der Mitarbeiter noch vor Ablauf der Kündigungsfrist ihre oder seine Arbeitsleistung wieder ohne Einschränkungen erbringen kann, kommt keine negative Prognose in Betracht. Der Arbeitgeber hat das Vorliegen einer negativen Prognose im Streitfall zu beweisen. Er muss also Tatsachen vorlegen können, die die künftige Beeinträchtigung darlegen.

Erhebliche Beeinträchtigung betrieblicher Interessen
Der personenbedingte Kündigungsgrund, also die fehlende Eignung oder Fähigkeit der Mitarbeiterin bzw. des Mitarbeiters zur Erbringung der Arbeitsaufgaben, muss eine erhebliche Beeinträchtigung betrieblicher oder wirtschaftlicher Interessen des Arbeitgebers auslösen.

Erhebliche Beeinträchtigungen sind bei häufigen Kurzerkrankungen einfacher zu begründen, da hierdurch insbesondere bei kleineren und mittleren Betrieben der betriebliche Ablauf empfindlich gestört wird. Bei lang andauernden Krankheiten geht man davon aus, dass der Arbeitgeber entsprechend planen kann. Die Entgeltfortzahlung endet nach sechs Wochen, sodass der Arbeitgeber also durch eine einzige lang andauernde Krankheit weniger belastet ist. Es muss somit zu Betriebsablaufstörungen kommen, die insbesondere im Großbetrieb aufgrund der vorhandenen Personalreserven kaum in nennenswertem Umfang vorkommen.

Diese Beeinträchtigung muss bereits eingetreten sein und kann entweder in Störungen des konkreten Betriebsablaufs oder in wirtschaftlichen Belastungen des Arbeitgebers bestehen:[79]

- Eine Störung des Betriebsablaufs kann gegeben sein, wenn eine Mitarbeiterin bzw. ein Mitarbeiter wiederholt ausfällt und dadurch schwerwiegende Störungen im Produktionsprozess (z. B. Stillstand von Maschinen, Überlastung des übrigen Personals, Verlust von Kundenaufträgen) auftreten. Kündigungsrelevant sind Störungen des Betriebsablaufs aber nur dann, wenn sie nicht durch Überbrückungsmaßnahmen (z. B. Einsatz einer vorhandenen Personalreserve) beseitigt werden können.

- Eine erhebliche wirtschaftliche Belastung des Arbeitgebers kann vorliegen, wenn erhebliche Kosten durch die Einstellung von Aushilfskräften, Zahlung von Überstunden oder durch die Vergabe der Arbeiten an Drittfirmen entstehen. In Betracht kommen auch Entgeltfortzahlungskosten in erheblichen Umfang oder Zahlungen, die allein an das Bestehen des Arbeitsverhältnisses und nicht an die Erbringung der Arbeitsleistung anknüpfen (das können z. B. tarifliche Sonderzahlungen, Weihnachtsgeld, vermögenswirksame Leistungen sein).[80]

Ultima-Ratio-Prinzip

Wie bei jeder Kündigung ist zudem das Ultima-Ratio-Prinzip zu beachten. Mit einer Kündigung des Arbeitsverhältnisses verliert die Mitarbeiterin bzw. der Mitarbeiter ihre bzw. seine Einnahmequelle. Die Kündigung bedeutet damit in der Regel einen tie-

[79] *Vgl. Mues Eisenbeis Laber, Handbuch Kündigungsrecht, 2. Auflage 2010, Teil 3 Rn. 25 ff.*
[80] *Vgl. Mues Eisenbeis Laber, aaO.*

fen Einschnitt in die Lebensführung der Person und darf daher nur letztes Mittel für den Arbeitgeber sein.

Vor einer Kündigung des Arbeitsverhältnisses muss der Arbeitgeber folglich alle Möglichkeiten zur Weiterbeschäftigung der Mitarbeiterin bzw. des Mitarbeiters ausschöpfen. Stehen dem Arbeitgeber mildere, aber gleichermaßen geeignete Maßnahmen als eine Kündigung zur Verfügung, ist diese nicht zulässig.

Als mildere Maßnahme ist vom Arbeitgeber bei personenbedingten Gründen in erster Linie zu prüfen, ob eine Weiterbeschäftigung auf einem anderen Arbeitsplatz (auch unter geänderten Arbeitsbedingungen) in Betracht kommt, auf dem sich der personenbedingte Grund nicht auswirkt. Die Mitarbeiterin bzw. der Mitarbeiter muss allerdings – ggf. nach zumutbaren Umschulungs- und Fortbildungsmaßnahmen – für die dort zu leistende Arbeit geeignet sein. Der andere Arbeitsplatz muss frei sein oder bis zum Ablauf der Kündigungsfrist frei werden. Es sind dabei auch solche Arbeitsplätze in Betracht zu ziehen, die schlechtere Arbeitsbedingungen haben und ggf. auch geringer vergütet werden.

Beispiel:
Ein angestellter Taxifahrer verliert seinen Führerschein. Er könnte allerdings als Bürokraft zu geringerer Vergütung weiterbeschäftigt werden.

Ob die Mitarbeiterin bzw. der Mitarbeiter mit der Beschäftigung auf einem anderen Arbeitsplatz einverstanden ist, darf für den Arbeitgeber bei der Prüfung seiner milderen Mittel keine Rolle spielen. Er muss daher auch prüfen, ob er die Mitarbeiterin bzw. den Mitarbeiter auf den anderen Arbeitsplatz einseitig per Weisung versetzen darf oder sogar eine Änderungskündigung aussprechen muss.

Je nach Einzellfall hat der Arbeitgeber neben der Beschäftigung auf einem anderen freien Arbeitsplatz auch noch andere mildere Mittel vor Ausspruch einer Kündigung in Betracht zu ziehen.

Wichtig:
Betriebliches Eingliederungsmanagement durchführen!
Ist die Mitarbeiterin bzw. der Mitarbeiter innerhalb eines Jahres länger als sechs Wochen arbeitsunfähig erkrankt, muss grundsätzlich, auch wenn keine Schwerbehinderteneigenschaft vorliegt, nach § 84 Abs. 2 SGB IX ein betriebliches Eingliederungsmanagement (BEM) durchgeführt werden.

In einem BEM soll zwischen den Arbeitsvertragsparteien ggf. unter Beteiligung des Betriebsrates erörtert und erarbeitet werden, ob durch Umstellungen des Arbeitsplatzes oder Anpassungen des Arbeitsplatzes/der Arbeitsbedingungen der Mitarbeiterin bzw. des Mitarbeiters eine weitere (zukünftige) Arbeitsunfähigkeit verhindert werden kann.

Folge des § 84 Abs. 2 SGB IX ist somit, dass ein unterlassenes BEM in einem späteren Kündigungsschutzverfahren zu dem Einwand der Mitarbeiterin bzw. des Mitarbeiters führen kann, bei Durchführung eines BEM hätte die Kündigung verhindert werden können.

Interessenabwägung
Wenn die grundsätzlichen Voraussetzungen für eine personenbedingte Kündigung vorliegen, ist abschließend eine Abwägung der Interessen des Arbeitgebers und der Mitarbeiterin bzw. des Mitarbeiters vorzunehmen. Fraglich ist im konkreten Einzelfall, ob das Interesse des Arbeitgebers an der Beendigung des Arbeitsverhältnisses das Interesse der Mitarbeiterin bzw. des Mitarbeiters an dessen Fortsetzung überwiegt. Konkret sind deren bzw.

dessen soziale Schutzbelange gegen die betrieblichen und wirtschaftlichen Interessen des Arbeitgebers abzuwägen.

In jedem Einzelfall muss geprüft werden, ob trotz der Beeinträchtigung betrieblicher Interessen der Arbeitgeber diese hinnehmen muss. Ist die Krankheit beispielsweise auf die Arbeit zurück zu führen (Betriebsunfall, Berufskrankheit o. Ä.), so kann die Interessenabwägung ergeben, dass die Kündigung als unwirksam anzusehen ist.

Das Alter der Arbeitnehmerin bzw. des Arbeitnehmers und deren bzw. dessen Familienstand sind ebenfalls zu berücksichtigen. Andererseits kann dem Arbeitgeber eine personelle Umorganisation, die Höhe der Entgeltfortzahlung oder das Vorhalten von Personalreserven unzumutbar sein. Im Rahmen der Interessenabwägung spielen immer die Umstände des Einzelfalles eine entscheidende Rolle.

Eine personenbedingte Kündigung ist nur dann wirksam, wenn die schützenswerten Interessen des Arbeitgebers im Einzelfall so schwer beeinträchtigt werden, dass dies das Bestandsschutzinteresse der Mitarbeiterin bzw. des Mitarbeiters überwiegen.

Auf Seiten der Mitarbeiterin bzw. des Mitarbeiters z. B. zu berücksichtigen

Positiv:

- Dauer der Beschäftigung und der störungsfreien Zeit
- Lebensalter
- altersbedingte Leistungsfähigkeit
- die sozialen Verhältnisse wie Familienstand, Unterhaltsverpflichtungen, Verschuldung, Lage auf dem Arbeitsmarkt, Pflege von Familienangehörigen

- Schwerbehinderteneigenschaft
- die Art und Weise der bisher zu erbringenden Arbeitsleistung, Stellung im Betrieb
- die betrieblichen Verhältnisse, unter denen die Arbeitsleistung zu erbringen war (Schwere der Tätigkeit, gesundheitsschädliche Arbeitsumgebung etc.)
- Ursache der fehlenden Eignung

Negativ:
- selbst verschuldete Herbeiführung des personenbedingten Grundes

Auf Seiten des Arbeitgebers z. B. zu berücksichtigen

Positiv:

- Schwere der betrieblichen Beeinträchtigung
- Dauer der störungsfreien Zeit
- Belastbarkeit des Betriebes
- erfolglose Versuche, die Ausfälle zu überbrücken
- erfolglose Versuche, durch organisatorische Maßnahmen (z. B. betriebliches Eingliederungsmanagement) die Ausfälle zu reduzieren.

Negativ:

- Verschulden des Arbeitgebers (z. B. Verletzung von Unfallverhütungsvorschriften)

Beispiele für personenbedingte Gründe
Thema: Kündigung wegen Entzugs der Fahrerlaubnis eines Kraftfahrers
Gericht: Hessisches LAG Urteil vom 01.7.2011, 10 Sa 245/11

Erläuterung: Der voraussichtlich neunmonatige Entzug der Fahrerlaubnis wegen einer privaten Trunkenheitsfahrt kann die Kündigung des Arbeitsverhältnisses eines Kraftfahrers rechtfertigen.

Ohne Führerschein darf der Arbeitnehmer im Straßenverkehr nicht weiter eingesetzt werden. Der Arbeitnehmer kann seine vertraglich geschuldete Arbeitsleistung als Kraftfahrer nicht mehr erbringen. Sie ist ihm aufgrund des Verlustes der Fahrerlaubnis rechtlich unmöglich geworden.

Thema: Kündigung wegen fehlender Arbeitserlaubnis
Gericht: BAG Urteil vom 7.2.1990, 2 AZR 359/89
Erläuterung: Ist einem ausländischen Arbeitnehmer die erforderliche Arbeitserlaubnis rechtskräftig versagt worden, so ist eine ordentliche Kündigung regelmäßig sozial gerechtfertigt, weil der Arbeitnehmer dann zur Leistung der vertraglich geschuldeten Dienste dauernd außerstande ist.

Der Arbeitnehmer ist in diesem Fall mit einem Arbeitnehmer vergleichbar, der wegen Krankheit zur Leistung der geschuldeten Dienste dauernd außerstande ist. Nach der Rechtsprechung des Senats ist in einem solchen Fall eine ordentliche Kündigung regelmäßig sozial gerechtfertigt, ohne dass es noch einer ausdrücklichen Darlegung der Beeinträchtigung betrieblicher Interessen bedürfte. Gleiches muss dann auch gelten, wenn der Arbeitnehmer nicht aus gesundheitlichen Gründen, sondern wegen Fehlens einer erforderlichen behördlichen Erlaubnis zur Leistung der vertraglich geschuldeten Dienste dauernd außerstande ist.

Thema: Kündigung wegen eines Glaubenskonflikts
Gericht: BAG Urteil vom 24.2.2011, 2 AZR 636/09
Erläuterung: Beruft sich der Arbeitnehmer gegenüber einer Ar-

beitsanweisung des Arbeitgebers auf einen entgegenstehenden, ernsthaften inneren Glaubenskonflikt, kann das Beharren des Arbeitgebers auf Vertragserfüllung unzulässig sein. In diesem Fall stellt zwar die Weigerung des Arbeitnehmers, der Weisung nachzukommen, keine vorwerfbare Pflichtverletzung dar. Sie kann aber geeignet sein, eine Kündigung des Arbeitsverhältnisses aus Gründen in der Person des Arbeitnehmers zu rechtfertigen, wenn es dem Arbeitgeber nicht ohne größere Schwierigkeiten möglich ist, den Arbeitnehmer anderweitig sinnvoll einzusetzen.

Ein als Ladenhilfe tätiger Arbeitnehmer weigerte sich, in der Getränkeabteilung zu arbeiten. Er berief sich auf seinen muslimischen Glauben, der ihm den Umgang mit Alkohol und damit auch das Ein- und Ausräumen alkoholischer Produkte verbiete.

Thema: Kündigung wegen Verbüßung einer Haftstrafe
Gericht: BAG Urteil vom 25.11.2010, 2 AZR 984/08
Erläuterung: Wenn der Arbeitnehmer eine Freiheitsstrafe von mehr als zwei Jahren zu verbüßen hat und nicht absehbar ist, ob und ggf. wann er vorzeitig aus der Haft entlassen wird, liegt im Regelfall – unbeschadet einer abschließenden Interessenabwägung – ein personenbedingter Grund zur Kündigung vor.

Voraussetzung einer – ordentlichen wie außerordentlichen – Kündigung wegen haftbedingter Arbeitsverhinderung ist, dass der Arbeitnehmer für eine verhältnismäßig erhebliche Zeit nicht in der Lage sein wird, seine arbeitsvertraglichen Verpflichtungen zu erfüllen. Die Nichterfüllung der Arbeitspflicht muss sich außerdem nachteilig auf das Arbeitsverhältnis auswirken. Da der Arbeitgeber im Fall der haftbedingten Arbeitsunfähigkeit des Arbeitnehmers typischerweise von der Lohnzahlungspflicht befreit ist, hängt es von der Dauer sowie von Art und Ausmaß der betrieblichen Auswirkungen ab, ob die Inhaftierung geeignet ist, einen Grund zur Kündigung abzugeben.

Thema: Kündigung eines Kraftfahrers wegen fortdauernder Beeinträchtigung des Sehvermögens aufgrund ernsthafter Augenerkrankung
Gericht: LAG Hamm Urteil vom 16.12.2011, 10 Sa 960/11
Erläuterung: Zu den personenbedingten Gründen, die eine ordentliche Kündigung rechtfertigen können, gehört nach der Rechtsprechung der Arbeitsgerichte auch der Fall der dauernden Unfähigkeit, die vertraglich geschuldete Arbeitsleistung zu erbringen. Die dauernde krankheitsbedingte Unfähigkeit, die vertraglich geschuldete Arbeitsleistung zu erbringen, kann eine ordentliche fristgerechte Kündigung rechtfertigen. Aufgrund der Erkrankung steht nämlich bereits fest, dass der Mitarbeiter nicht mehr in der Lage sein wird, die von ihm geschuldete Arbeitsleistung zu erbringen; insoweit ist das arbeitsrechtliche Austauschverhältnis praktisch auf Dauer gestört.

Vorliegend gehörte das Führen eines Lkws zu den arbeitsvertraglichen Aufgaben des Arbeitnehmers. Dieser Tätigkeit konnte er aus gesundheitlichen Gründen nicht mehr nachkommen, nachdem eine Klinik für Augenheilkunde ihm bescheinigt hatte, dass das Führen von Lkw aufgrund eines „fortgeschrittenen Glaukomschadens" nicht mehr zulässig sei. Unstreitig litt der Arbeitnehmer an einem Grünen Star.

Thema: Kündigung eines ehemaligen Studenten wegen Verlustes des Studentenstatus
Gericht: BAG Urteil vom 18.9.2008, 2 AZR 976/06
Erläuterung: Ein personenbedingter Kündigungsgrund liegt vor, wenn der Arbeitnehmer die erforderliche Eignung oder Fähigkeit nicht (mehr) besitzt, um zukünftig die vertraglich geschuldete Arbeitsleistung – ganz oder teilweise – zu erbringen.

Bei dem vertraglich vorausgesetzten Studentenstatus einer studentischen Hilfskraft an einer Forschungseinrichtung i. S. d. § 57d HRG handelt es sich um eine für diese Tätigkeit notwendige und sachlich gerechtfertigte Anforderung. Dies folgt unter Berücksichtigung der Aufgabenstellung der Forschungseinrichtung aus dem besonderen Zweck dieses Arbeitsverhältnisses. Geht die „studentische Hilfskraft", beispielsweise aufgrund einer Exmatrikulation, keinem Studium mehr nach, entfällt eine wesentliche, mit der Person verbundene Voraussetzung der Beschäftigung. Dies rechtfertigt regelmäßig die personenbedingte Kündigung des Arbeitsverhältnisses.

2.11 Verhaltensbedingte Kündigung

Die verhaltensbedingte Kündigung setzt die schuldhafte Verletzung von arbeitsvertraglichen Pflichten voraus, wodurch das Arbeitsverhältnis konkret beeinträchtigt wird. Es darf darüber hinaus keine für den Arbeitgeber zumutbare Möglichkeit einer anderweitigen Beschäftigung geben und die Lösung des Arbeitsverhältnisses muss unter Berücksichtigung der Interessen von Arbeitgeber und Arbeitnehmerin bzw. Arbeitnehmer billigenswert und angemessen erscheinen.

Insbesondere die Verletzung von arbeitsvertraglichen Hauptpflichten wie beharrliche Arbeitsverweigerung kann ein Grund für den Ausspruch einer verhaltensbedingten Kündigung sein. Auch eine einmalige Arbeitsverweigerung kann schon „beharrlich" sein, wenn daraus der Wille der Arbeitnehmerin bzw. des Arbeitnehmers erkennbar ist, der arbeitsvertraglichen Pflicht nicht nachkommen zu wollen.

Mögliche Kündigungsgründe für eine verhaltensbedingte Kündigung sind:

- Verstöße gegen die betriebliche Ordnung
- Pflichtwidrigkeiten im Leistungsbereich
- Störungen im Vertrauensbereich
- Verletzung von arbeitsvertraglichen Nebenpflichten
- außerdienstliches Verhalten, soweit dieses das Arbeitsverhältnis konkret beeinträchtigt
- das Erbringen unterdurchschnittlicher Leistungen, wenn die Leistung ohne erkennbaren Grund dauerhaft hinter den Leistungen vergleichbarer Arbeitnehmerinnen und Arbeitnehmer zurückbleibt (sog. Low-Perfomer)
- eigenmächtige Selbstbeurlaubung
- eigenmächtige Urlaubsverlängerung
- häufiges Zuspätkommen

Nach der Überprüfung, ob ein bestimmter Sachverhalt geeignet ist, einen Kündigungsgrund darzustellen, ist im Einzelfall eine Interessenabwägung durchzuführen.

Aber auch die Verletzung von arbeitsvertraglichen Nebenpflichten kann kündungsrelevant sein:

- Alkoholkonsum: Dies erfordert eine Einzelfallprüfung. Bei Kraftfahrern, Kranführern, Chirurgen und Gerüstbauern müssen andere Maßstäbe angelegt werden als bei Angehörigen von Berufsgruppen, in denen der (maßvolle) Alkoholkonsum „branchenüblich" ist.

- Beleidigung und Bedrohung des Arbeitgebers, von Vorgesetzten oder Kolleginnen und Kollegen. Zu beachten ist allerdings in diesen Fallkonstellationen, inwieweit der andere Teil Anlass hierzu gegeben hat.

- Verrat von Betriebsgeheimnissen

- Nichtanzeige von Krankheiten

- zu späte Übersendung der Arbeitsunfähigkeitsbescheinigung

- Nach dem BAG kann auch das Erstatten von Strafanzeigen gegen den Arbeitgeber (Whistleblower) kündigungsrelevant sein, dies sogar dann, wenn keine falschen Angaben gemacht wurden.

- Begehung von Straftaten zu Lasten des Arbeitgebers

Das Verhalten außerhalb des Betriebes ist demgegenüber regelmäßig kündigungsrechtlich nicht relevant. Ausnahmen sind jedoch in Extremfällen möglich. Das BAG hat die Kündigung des Leiters einer Kindertagesstätte als zulässig erachtet, der Kinder, die nicht in der Tagesstätte untergebracht waren, außerhalb seiner Arbeitszeit sexuell belästigt hatte.

Das Tragen von Kopftüchern durch weibliche Angehörige des islamischen Glaubens rechtfertigt nach dem BAG, auch in ländlichen Gebieten, hingegen keine verhaltensbedingte Kündigung. Das BAG stellt damit die Religionsfreiheit über die ebenfalls grundrechtlich geschützte Unternehmerfreiheit des Arbeitgebers (Berufsfreiheit gemäß Art 12 GG).

Gleichartige Abmahnung erforderlich

Auch die verhaltensbedingte Kündigung hat keinen Sanktionscharakter, sondern soll die weitere Beeinträchtigung des Arbeitsverhältnisses verhindern. Es ist somit auch hier eine negative Zukunftsprognose zu treffen. Diese ist dann gegeben, wenn die Arbeitnehmerin bzw. der Arbeitnehmer ihr bzw. sein Verhalten nach Ausspruch einer einschlägigen Abmahnung nicht geändert hat. Um die negative Prognose zu begründen, ist damit eine der Kündigung vorausgehende Abmahnung erforderlich (Warnfunktion). Erst wenn die Arbeitnehmerin bzw. der Arbeitnehmer das abgemahnte Verhalten wiederholt kann eine wirksame verhaltensbedingte Kündigung ausgesprochen werden.

Hierbei ist jedoch auch zu berücksichtigen, dass die vorangegangene Abmahnung einen gleichartigen Sachverhalt bzw. Vorwurf betreffen muss. So hat eine Abmahnung wegen dauernden Zuspätkommens verständlicherweise keine Warnfunktion in Bezug auf z. B. den Alkoholkonsum am Arbeitsplatz.

Unter Umständen kann eine einvernehmlich zurückgenommene Kündigung bei einem feststehenden Sachverhalt als Abmahnung wirken. Dies führt dazu, dass dann im Wiederholungsfall eine Kündigung sofort ausgesprochen werden kann.

Gefährlich ist der Irrglaube, dass eine Kündigung erst nach der dritten Abmahnung erfolgen könne. Je nach Schwere des Verstoßes der Arbeitnehmerin bzw. des Arbeitnehmers wird eine einmalige gleichartige Abmahnung vor dem Kündigungsausspruch genügen.

Ebenso ist es unzutreffend, dass eine Abmahnung stets nach einem bestimmten Zeitraum (z. B. zwei Jahre) aus der Personalakte zu entfernen wäre. Auch hier kommt es auf den jeweiligen Einzelfall an. Wie lange eine Abmahnung eine Wirkung entfalten kann und somit in der Personalakte verbleibt, ist im Einzelfall unter Berücksichtigung der Schwere der arbeitsrechtlichen Verfehlung zu beurteilen. Richtig ist, dass ein bereits mehrere Jahre alter abgemahnter Verstoß im Hinblick auf den Ausspruch einer verhaltensbedingten Kündigung nicht mehr so zwingend ist wie ein gerade vor kurzer Zeit erfolgter Verstoß.

Wird eine Abmahnung zu Unrecht ausgesprochen, kann die betroffene Arbeitnehmerin bzw. der betroffene Arbeitnehmer – in analoger Anwendung der §§ 242, 1004 BGB – die Entfernung aus der Personalakte verlangen. Dies ist insbesondere dann der Fall, wenn die Abmahnung formell nicht ordnungsgemäß zustande gekommen ist, unrichtige Tatsachenbehauptungen enthält, den Grundsatz der Verhältnismäßigkeit verletzt oder ein schutzwürdiges Interesse des Arbeitgebers auf Verbleib in der Personalakte nicht besteht.

Sehr oft wird von der Mitarbeiterin bzw. dem Mitarbeiter jedoch nur eine Gegendarstellung zur Personalakte gereicht. Hintergrund ist, dass die Abmahnung nicht unmittelbar angegriffen werden muss. Auch in einem späteren Kündigungsschutzverfahren wegen arbeitsvertragswidrigen Verhaltens der Arbeitnehmerin bzw. des Arbeitnehmers kann noch die Unwirksamkeit der Abmahnung geltend gemacht werden.

Achtung!

Verbrauch von Kündigungsgründen
Mit der Abmahnung zeigt der Arbeitgeber, dass er darauf verzichtet aus dem in der Abmahnung genannten Grund zu kündigen, d. h. die Abmahnung „verbraucht" den Kündigungsgrund. Hat der Arbeitgeber bereits abgemahnt, kann er keine Kündigung mit dem bereits abgemahnten Verhalten begründen. Der Arbeitgeber muss daher genau beurteilen, ob er unter Umständen aufgrund eines schweren Verstoßes gegen die arbeitsvertraglichen Verpflichtungen gleich kündigt. Ein späteres „Umschwenken" von Abmahnung auf Kündigung ist ihm nicht mehr möglich.

Interessenabwägung
Die Pflichtverletzung muss so gravierend sein, dass die Kündigung unter Zugrundelegung der Dauer der bisherigen Betriebszugehörigkeit trotzdem noch gerechtfertigt ist, d. h. es muss eine umfassende Interessenabwägung im Einzelfall stattfinden.

In Bezug auf die Durchführung und die bei einer Interessenabwägung zu berücksichtigenden Punkte wird auf die Ausführungen hinsichtlich der personenbedingten Kündigung in diesem Kapitel verwiesen.

Checkliste: Ausspruch einer ordentlichen Kündigung durch den Arbeitgeber

1 Soll das Arbeitsverhältnis einer Arbeitnehmerin/eines Arbeitnehmers beendet werden?

2. Ist das KSchG anwendbar? Wenn nein: Liegen Gründe vor, sodass gleichwohl soziale Gesichtspunkte zu berücksichtigen sind?

3 Gibt es Alternativen zur Kündigung (Änderungskündigung, Aufhebungsvertrag, Befristung, Versetzung etc.)? Soll der Arbeitnehmerin bzw. dem Arbeitnehmer eine Abfindung gem. § 1a KSchG angeboten werden?

4 Ist die ordentliche Kündigung ausgeschlossen? Oder von weiteren Zustimmungen abhängig?

a) Gesetzlich: § 15 KSchG, § 15 BBiG, § 15 Abs. 3 TzBfG, § 9 Abs. 1 MuSchG?

b) Tarifliche Regelung?

c) Einzelvertragliche Regelung?

5 Sind alle relevanten Personaldaten vorhanden (Name, Vorname, aktuelle Adresse, Geburtsdatum, Einstellungsdatum, Familienstand, Unterhaltsverpflichtungen, Eintragungen auf der Steuerkarte, evtl. Schwerbehinderung)?

6 Sind vor der Kündigung Zustimmungen von Dritten einzuholen (Betriebsrat, Integrationsamt etc.)?

7 Ist ein Betriebsrat im Betrieb eingerichtet? Und zu beteiligen?

a) Wurden dem Betriebsrat alle relevanten Sozialdaten der Person mitgeteilt?

b) Wurden dem Betriebsrat die Kündigungsfristen (sowohl gesetzliche als auch einzelvertragliche) mitgeteilt?

c) Wurde die beim Betriebsrat zuständige Person unterrichtet (Vorsitzender, ggf. Stellvertreter)?

d) Können der Zugang des Anhörungsschreibens sowie der Zugangszeitpunkt nachgewiesen werden?

e) Wurden dem Betriebsrat sämtliche relevanten Gründe mitgeteilt, auf die die Kündigung gestützt werden soll?

f) Ist die Anhörungsfrist (Wochenfrist nach § 102 Abs. 2 Satz 1 BetrVG) abgelaufen?

g) Oder hat der Betriebsrat schon eine abschließende Stellungnahme zur Kündigung abgegeben?
h) Bestehen Betriebsvereinbarungen über die Verlängerung der gesetzlichen Stellungnahmefristen?
i) Hat der Betriebsrat sich zu der Kündigung geäußert? Widersprochen?
j) Ist der Widerspruch gem. § 102 Abs. 3 BetrVG konkret gefasst: einzelne Mitarbeiter hinsichtlich der Sozialauswahl angegeben, konkrete andere freie Arbeitsplätze angegeben, die mit oder ohne zumutbare Fortbildungsmaßnahmen besetzt werden können?
k) Kann ein Entbindungsantrag nach § 102 Abs. 5 Satz 2 BetrVG Erfolg versprechend sein?

8 Ist die Arbeitnehmerin bzw. der Arbeitnehmer ein schwerbehinderter Mensch?
a) Integrationsamt erfassen?
b) Soll die Kündigung aus behinderungsbedingten Gründen ausgesprochen werden oder aus anderen Gründen?
c) Wurden dem Integrationsamt die Gründe im Einzelnen mitgeteilt?
d) Nach Zustimmung zur Kündigung durch das Integrationsamt: Die Kündigung muss innerhalb eines Monats nach Zustimmung (§ 88 Abs. 3 SGB III) ausgesprochen werden.

9 Kündigungsfristen
a) Dauer der gesetzlichen Kündigungsfrist?
b) Dauer der tarifvertraglichen Kündigungsfrist?
c) Dauer der einzelvertraglichen Kündigungsfrist?
d) Welche Kündigungsfrist ergibt sich hieraus?
e) Wann genau muss die Kündigung zugehen?

10 Schriftform (§ 623 BGB) eingehalten?

11 Besondere Formerfordernisse (Kündigung durch Einschreiben, Begründung etc.) zu beachten?

12 Hat die bzw. der Kündigungsberechtigte (Inhaber, Personalleiter, alleinvertretungsberechtigte GmbH-Geschäftsführer, vertretungsberechtigtes Organ einer juristischen Person) die Kündigung ausgesprochen?

13 Wenn die bzw. der Kündigungserklärende nicht (allein) kündigungsberechtigt ist: Liegt eine Originalvollmacht dem Kündigungsschreiben bei?

14 Zugang der Kündigung ordnungsgemäß erfolgt?

15 Nachweis des Zugangs möglich?

16 Wurde die Kündigung einer bzw. einem Empfangsberechtigten zugestellt?

17 Findet das Kündigungsschutzgesetz Anwendung?
a) Werden mehr als zehn Arbeitnehmerinnen bzw. Arbeitnehmer beschäftigt (nur teilweise Berücksichtigung von Teilzeitbeschäftigung!)?
b) Werden mehr als fünf Arbeitnehmerinnen bzw. Arbeitnehmer beschäftigt, die vor dem 1.1.2004 bereits im Unternehmen tätig waren (nur teilweise Berücksichtigung von Teilzeitbeschäftigung)?
c) Ist die Wartezeit von sechs Monaten gem. § 1 KSchG erfüllt?

18 Betriebsbedingte Kündigungsgründe?
a) Liegt die unternehmerische Entscheidung in Schriftform vor? Ggf. Beschluss der Gesellschafterversammlung oder des Inhabers. Gibt es Zeugen?

b) Weshalb wurde die unternehmerische Entscheidung getroffen?
c) Ist hierdurch der Wegfall des Arbeitsplatzes der Arbeitnehmerin bzw. des Arbeitnehmers oder ein vergleichbarer Arbeitsplatz weggefallen?
d) Sind freie Arbeitsplätze vorhanden?
e) Sind vergleichbare Mitarbeiterinnen oder Mitarbeiter (Austauschbarkeit) vorhanden? Ist eine soziale Auswahl durchzuführen?
f) Liegt eine Namensliste/ein Interessenausgleich vor? Ist die soziale Auswahl dadurch eingeschränkt?
g) Sind Leistungsträger aus der sozialen Auswahl herauszunehmen?
h) Ist die gekündigte Person sozial am wenigsten schutzbedürftig?

19 Verhaltensbedingte Kündigungsgründe?
a) Wurde vor der Erklärung der Kündigung (mindestens) eine ordnungsgemäße einschlägige Abmahnung ausgesprochen?
b) War diese ordnungsgemäß? Hält diese einer gerichtlichen Nachprüfung stand? Wie lange liegt der abgemahnte Vorfall zurück?
c) Ist der erneute arbeitsrechtliche Verstoß ausreichend dokumentiert? Und nachweisbar? Gibt es Zeugen für den Vorfall?
d) Können ggf. Rechtfertigungsgründe vorliegen?

20 Personenbedingte, insbesondere krankheitsbedingte Kündigung?
a) Ist eine negative Gesundheitsprognose gegeben?
b) Bei Langzeitarbeitsunfähigkeit: Ist innerhalb der nächsten zwei Jahre mit einer Besserung des Krankheitszustands zu rechnen?
c) Bei häufigen Kurzerkrankungen: Ist zu erwarten, dass die Kurzerkrankungen auch zukünftig im gleichen Umfang auftreten?

d) Welche Belastungen hat der Arbeitgeber zu tragen (Entgeltfortzahlungen etc.)?
e) Sind die Betriebsablaufstörungen (z. B. mangelnde Planungssicherheit auf der Position und deren Auswirkungen) ausreichend dokumentiert?
f) Wurde ein betriebliches Eingliederungsmanagement durchgeführt?
g) Wurde eine Interessenabwägung vorgenommen?

21 Wurde im Kündigungsschreiben auf die Pflicht zur unverzüglichen Meldung bei der Arbeitsagentur gem. § 2 SGB III hingewiesen?

2.12 Änderungskündigung

Die Änderungskündigung ist ansatzweise in § 2 KSchG gesetzlich geregelt. Bei der Änderungskündigung handelt es sich um eine Kündigung des bisher bestehenden Arbeitsverhältnisses verknüpft mit einem Angebot, das Arbeitsverhältnis zu geänderten Bedingungen fortzusetzen.

So wie bei der Beendigungskündigung hat der Arbeitgeber auch bei der ordentlichen Änderungskündigung die Voraussetzungen des Kündigungsschutzgesetzes (KSchG) einzuhalten. Eine ordentliche Änderungskündigung muss deshalb, wenn das KSchG zur Anwendung kommt, durch das Vorliegen von personen-, verhaltens- oder betriebsbedingten Gründen sozial gerechtfertigt sein. Auch hier führt eine fehlende soziale Rechtfertigung zur Unwirksamkeit dieser Kündigung.

Soziale Rechtfertigung der Änderungskündigung
Die Bestimmung des § 2 KSchG, nach der eine vom Arbeitgeber

mittels einer Kündigung beabsichtigte Änderung der Arbeitsbedingungen sozial gerechtfertigt sein muss, gilt nur für solche Arbeitnehmerinnen und Arbeitnehmer, die unter den Geltungsbereich des KSchG fallen. Keinen Änderungsschutz haben daher solche Arbeitnehmerinnen und Arbeitnehmer, deren Arbeitsverhältnis im Zeitpunkt des Zugangs der Änderungskündigung noch nicht sechs Monate bestanden hat, und Arbeitnehmerinnen und Arbeitnehmer in so genannten Kleinbetrieben i. S. d. § 23 Abs. 1 KSchG.

Prüfungsmaßstab

Maßgeblicher Prüfungsmaßstab bei der Änderungskündigung ist in Abweichung zu der Beendigungskündigung nicht die Frage, ob die Beendigung des Arbeitsverhältnisses sozial gerechtfertigt ist, sondern vielmehr, ob die vom Arbeitgeber vorgesehene Veränderung der Arbeitsbedingungen sozial gerechtfertigt ist. Dieser Prüfungsmaßstab besteht selbst dann, sofern die Arbeitnehmerin bzw. der Arbeitnehmer das Änderungsangebot nicht annimmt.

Die Prüfung erfolgt in zwei Stufen, die allgemein als „Ob" (Kündigungskomponente) und „Wie" (Änderungskomponente) bezeichnet werden.

In der ersten Stufe (Kündigungskomponente) wird bei einer ordentlichen, vom Arbeitgeber veranlassten Änderungskündigung die soziale Rechtfertigung der Kündigung nach § 1 Abs. 1 und 2 KSchG untersucht. Sozial ungerechtfertigt ist eine Änderungskündigung dann, sofern die vom Arbeitgeber vorgesehene Änderung der Arbeitsbedingungen nicht durch Gründe, die in der Person oder in dem Verhalten der Arbeitnehmerin bzw. des Arbeitnehmers liegen, oder durch dringende betriebliche Erfordernisse, die einer Weiterbeschäftigung zu den bisherigen Arbeitsbedingungen in diesem Betrieb entgegenstehen, bedingt ist.

Somit setzt eine ordentliche betriebsbedingte Änderungskündigung voraus, dass das Bedürfnis für die Weiterbeschäftigung der Arbeitnehmerin bzw. des Arbeitnehmers im Betrieb überhaupt oder zumindest zu den bisherigen Bedingungen entfallen ist.

In der zweiten Stufe (Änderungskomponente) ist zu prüfen, ob das Änderungsangebot durch die Kündigungsgründe bedingt ist und ob sich der Arbeitgeber auf die erforderlichen Änderungen beschränkt, somit nur solche Änderungen verlangt, die die Arbeitnehmerin bzw. der Arbeitnehmer „billigerweise" hinnehmen muss. Zu prüfen ist, ob die beabsichtigte Vertragsänderung geeignet und erforderlich ist, den Inhalt des Arbeitsverhältnisses an die geänderten Beschäftigungsmöglichkeiten anzupassen. Die vorgeschlagenen Vertragsänderungen dürfen sich nicht weiter vom Inhalt des bisherigen Arbeitsvertrages entfernen, als es zur Erreichung des angestrebten Zwecks unter Rücksichtnahme auf das Bestandsschutzinteresse der Arbeitnehmerin bzw. des Arbeitnehmers zwingend erforderlich ist.

Sind mehrere freie Arbeitsplätze vorhanden, die der Arbeitgeber der Arbeitnehmerin bzw. dem Arbeitnehmer als zukünftigen Arbeitsplatz anbieten könnte, muss der Arbeitgeber den Arbeitsplatz anbieten, der dem bisherigen Arbeitsplatz der Arbeitnehmerin bzw. des Arbeitnehmers in der Gesamtheit der Arbeitsbedingungen am meisten entspricht, also die wenigsten Änderungen beinhaltet. Ist eine Weiterbeschäftigung zu weniger einschneidenden Bedingungen möglich, ist die Änderungskündigung bereits unwirksam.

> *Beispiel:*
> ***Kündigung zur Änderung mehrerer Vertragsklauseln***
> *Der Arbeitgeber hat beschlossen, einen Standort zu schließen. Den dort bisher beschäftigten Mitarbeiterinnen und Mitarbeitern*

spricht der Arbeitgeber ordentliche Änderungskündigungen aus. Diese Kündigungen sind verbunden mit dem Angebot, nach Ablauf der Kündigungsfrist am weit entfernten Hauptsitz des Unternehmens zu arbeiten. In das entsprechend geänderte Arbeitsvertragsangebot ist zudem eine Vertragsstrafenregelung neu aufgenommen worden.

Lösung:
Die Änderungskündigung ist unwirksam, weil die Vertragsstrafenregelung nicht zwingend zur Erreichung des angestrebten Zwecks (Umzug) erforderlich ist.

Betrifft das Änderungsangebot mehrere Regelungen, muss die soziale Rechtfertigung für jede einzelne Regelung geprüft werden. Ist nur eine Regelung der beabsichtigten Änderungen nicht gerechtfertigt, ist damit die gesamte Änderungskündigung unwirksam.

Bei der Ausarbeitung der Änderungskündigung bedarf es somit einer genauen und gewissenhaften Abwägung des Interesses des Arbeitgebers an der Änderung gegenüber dem Interesse der Arbeitnehmerin bzw. des Arbeitnehmers am Bestand ihrer bzw. seiner bisherigen Arbeitsbedingungen. Im Rahmen der Interessenabwägung ist besonders zu prüfen, ob die Gründe es als billig und angemessen erscheinen lassen, die Änderung durchzusetzen, zudem das Mittel der Kündigung zu benutzen und hierdurch das gesamte Arbeitsverhältnis u. U. sogar zu beenden.

Betriebsbedingte ordentliche Änderungskündigung

Der häufigste Fall der Änderungskündigung ist die betriebsbedingte ordentliche Änderungskündigung. Sie ist sozial gerechtfertigt, sofern dringende betriebliche Erfordernisse für die vom Arbeitgeber beabsichtigte Änderung der Arbeitsbedingungen vorliegen. Sozial ungerechtfertigt ist sie, sofern der Arbeitgeber keine ausreichenden Gründe für eine Beendigungskündigung hatte und solche Änderungen mit der Änderungskündigung erreichen will, die die Arbeitnehmerin bzw. der Arbeitnehmer nicht hinnehmen muss.

Als dringende betriebliche Erfordernisse, die eine Änderung der Arbeitsbedingungen (z. B. Abbau übertariflicher Zulagen oder Prämien, Versetzung an einen anderen Arbeitsplatz, Rückgruppierung) sozial rechtfertigen, kommen insbesondere folgende Umstände in Betracht: Einführung neuer Arbeitsmethoden und Fertigungsverfahren; schlechte wirtschaftliche Lage des Unternehmens; Fortfall des bisherigen Arbeitsplatzes; Einschränkung der Produktion; Verlegung, Öffnung oder Schließung von Betriebsstätten; Änderungen der Betriebsorganisation, des Betriebszwecks oder der Betriebsanlagen.

Sozialauswahl

Wegen der in § 2 KSchG enthaltenen Verweisung auf § 1 Abs. 3 Sätze 1 und 2 KSchG ist eine betriebsbedingte Änderungskündigung auch bei Bestehen dringender betrieblicher Gründe sozial ungerechtfertigt, sofern der Arbeitgeber bei der Auswahl der Arbeitnehmerin bzw. des Arbeitnehmers die Punkte Betriebszugehörigkeitsdauer, Lebensalter, Unterhaltspflichten und Schwerbehinderung nicht oder nicht ausreichend berücksichtigt hat.

Jedoch ist die gesetzliche Verweisung misslungen, da es bei der Änderungskündigung – anders als bei der Beendigungskündigung – nicht darum geht, wer von mehreren vergleichbaren Arbeitnehmerinnen und Arbeitnehmern durch den Verlust des Arbeitsplatzes am wenigsten hart getroffen wird.

Unabhängig von der Annahme unter Vorbehalt durch die Arbeitnehmerin bzw. den Arbeitnehmer wird bei der ordentlichen Änderungskündigung die soziale Rechtfertigung des Änderungsangebots („Inhaltsschutz statt Bestandsschutz") geprüft. Damit ist auch bei der Sozialauswahl auf die Auswirkung der vorgeschlagenen Vertragsänderung der soziale Zustand der vergleichbaren Arbeitnehmerinnen und Arbeitnehmer zugrunde zu legen. Der Arbeitgeber muss insoweit abwägen, ob er, statt die Arbeitsbedingungen der vorgesehenen Arbeitnehmerin bzw. des vorgesehenen Arbeitnehmers zu ändern, diese Änderung einer anderen vergleichbaren Person anbieten muss, der das in sozialer Hinsicht eher zumutbar ist.

Personenbedingte ordentliche Änderungskündigung
Eine ordentliche Änderungskündigung kann auch aus Gründen in der Person der Arbeitnehmerin bzw. des Arbeitnehmers sozial gerechtfertigt sein. Derartige Gründe können etwa die persönliche Ungeeignetheit für den bisherigen Aufgabenbereich infolge krankheits- oder altersbedingter Leistungsschwäche oder Gewissenskonflikte sein, fachliche Ungeeignetheit für einen durch die technologische Entwicklung veränderten Aufgabenbereich der Arbeitnehmerin bzw. des Arbeitnehmers oder die krankheitsbedingte Unfähigkeit zur Wahrnehmung der bisherigen Aufgaben.

Verhaltensbedingte ordentliche Änderungskündigung
Die soziale Rechtfertigung einer Änderungskündigung kann sich auch aus Gründen ergeben, die im Verhalten der Arbeitnehmerin bzw. des Arbeitnehmers liegen. Sie soll bewirken, dass ein vertragswidriger Zustand beseitigt wird. Dabei ist grundsätzlich – wie bei einer Beendigungskündigung – vor der Änderungskündigung eine Abmahnung erforderlich.

Da dem Arbeitgeber bei schwerwiegenden Pflichtverletzungen der Arbeitnehmerin bzw. des Arbeitnehmers das Mittel der (außerordentlichen oder ordentlichen) Beendigungskündigung zusteht, kommt eine verhaltensbedingte Änderungskündigung grundsätzlich nur bei solchen Pflichtwidrigkeiten in Betracht, die durch eine Änderung bestimmter Arbeitsbedingungen in Zukunft ausgeschlossen werden können. Dies ist beispielsweise dann der Fall, wenn zwei in einer Abteilung arbeitende Mitarbeiter aus persönlichen Gründen miteinander verfeindet sind und durch eine Versetzung in eine andere Abteilung künftige Störungen des Betriebsfriedens vermieden werden sollen.

Die Ablehnung eines vom Arbeitgeber gemachten Änderungsangebots stellt dagegen keinen die Kündigung rechtfertigenden verhaltensbedingten Grund dar.

Die außerordentliche Änderungskündigung

Wichtiger Grund

Im Gegensatz zur ordentlichen Änderungskündigung fehlt es an einer gesonderten gesetzlichen Regelung für eine außerordentliche Änderungskündigung. Rechtsgrundlage ist hier die analog anwendbare Bestimmung des § 626 BGB. Wegen der weiteren Voraussetzungen außerordentlicher Kündigungen wird auf das nachfolgende Kapitel 7.13 verwiesen.

Eine außerordentliche Änderungskündigung ist nur dann zulässig, wenn für die beabsichtigte Änderung der Arbeitsbedingungen ein wichtiger Grund (z. B. die plötzliche und nachhaltige Verschlechterung der wirtschaftlichen Lage des Unternehmens etwa durch den Konkurs des wichtigsten Großkunden) vorliegt, der eine sofortige Reaktion verlangt und sogar die Einhaltung der Kündigungsfrist unzumutbar macht.

Im Vergleich zur ordentlichen Änderungskündigung bedarf es demgemäß verständlicherweise keiner Beachtung der Kündigungsfristen. Sie kann sowohl fristlos als auch unter Gewährung einer sozialen Auslauffrist (bei tariflich unkündbaren Arbeitnehmerinnen und Arbeitnehmern) erklärt werden.

Ausschlussfrist

Die außerordentliche Änderungskündigung kann mit Blick auf § 626 Abs. 2 BGB nur auf solche Gründe gestützt werden, die dem Arbeitgeber nicht länger als zwei Wochen vor Ausspruch der Kündigung bekannt waren.

Prüfungsmaßstab

Bei der Überprüfung der Wirksamkeit einer vom Arbeitgeber erklärten außerordentlichen Änderungskündigung ist wie bei den anderen Änderungskündigungen nicht auf die Frage der Beendigung des Arbeitsverhältnisses, sondern auf die Bedingungen des Änderungsangebotes des Arbeitgebers abzustellen. Dies gilt auch, wenn die Arbeitnehmerin bzw. der Arbeitnehmer das Angebot ablehnt und Klage erhebt.

Eine außerordentliche Änderungskündigung ist nur begründet, wenn einerseits dem kündigenden Arbeitgeber die Fortsetzung des Arbeitsverhältnisses zu den bisherigen Bedingungen unzumutbar geworden ist, d. h., sofern für ihn die kurzfristige Änderung der Arbeitsbedingungen unabweisbar notwendig ist (Kündigungskomponente „Ob"). Zudem müssen die neuen Arbeitsbedingungen der gekündigten Arbeitnehmerin bzw. dem gekündigten Arbeitnehmer zumutbar sein (Änderungskomponente „Wie"). Beide Voraussetzungen müssen zusammen vorliegen. Sofern der Arbeitgeber mit einer außerordentlichen Änderungskündigung die Abänderung mehrerer Arbeitsbedingungen erstrebt, müssen die genannten beiden Voraussetzungen für jede der einzelnen Änderungen vorliegen.

Sonderkündigungsschutz
Bei kündigungsrechtlich besonders geschützten Arbeitnehmerinnen und Arbeitnehmern (z. B. schwerbehinderten Menschen, Schwangeren oder betriebsverfassungsrechtlichen Funktionsträgern) hat der Arbeitgeber außerdem die Vorschriften des besonderen Kündigungsschutzes zu beachten (z. B. §§ 85 ff. SGB IX; § 9 MuSchG; § 15 KSchG i. V. m. § 103 BetrVG).

Ferner müssen in Betrieben mit Betriebsrat dessen Rechte gewahrt werden, somit insbesondere das Verfahren gemäß § 102 BetrVG durchgeführt werden.

Kündigungsfristen
Eine ordentliche Änderungskündigung ist eine fristgerechte Änderungskündigung. Der Arbeitgeber kann diese nur unter Beachtung der jeweils geltenden gesetzlichen, tarifvertraglichen oder arbeitsvertraglichen Kündigungsfristen wirksam aussprechen. Welche Kündigungsfrist im Einzelfall gilt, richtet sich nach den für die Beendigungskündigung maßgeblichen Vorschriften und Grundsätzen (siehe Kapitel 7.3).

Prozessuale Fragen
Arbeitnehmerinnen und Arbeitnehmer können eine außerordentliche Änderungskündigung nur nach Maßgabe der §§ 4 bis 6 KSchG gerichtlich überprüfen lassen. Versäumt sie oder er die dreiwöchige Klagefrist des § 4 KSchG, wird die außerordentliche Änderungskündigung wirksam (§ 7 KSchG).

Sofern die Arbeitnehmer bzw. der Arbeitnehmer das Änderungsangebot unter dem Vorbehalt der Wirksamkeit der Kündigung angenommen hat, ist Gegenstand einer erhobenen Feststellungsklage der Arbeitnehmerin bzw. des Arbeitnehmers nur die Frage, ob das Arbeitsverhältnis mit den bisherigen oder mit den neuen

Arbeitsbedingungen fortzusetzen ist. Wenn die Arbeitnehmerin bzw. der Arbeitnehmer in diesem Fall unterliegt, so wird das Arbeitsverhältnis nicht insgesamt beendet. Vielmehr gelten dann die neuen Arbeitsbedingungen, und sie bzw. er müsste dann zu den neuen (geänderten) Bedingungen weiterarbeiten.

Obsiegt die Arbeitnehmerin bzw. der Arbeitnehmer in diesem Rechtsstreit, ist das Arbeitsverhältnis zu den alten (bisherigen) Bedingungen fortzusetzen. Für den Zeitraum zwischen dem Kündigungsendtermin und der rechtskräftigen Entscheidung steht der Arbeitnehmerin bzw. dem Arbeitnehmer ein Ausgleichsanspruch (Differenzlohn) zu.

Bei einer vollständigen Ablehnung des Änderungsangebotes riskiert die Arbeitnehmerin bzw. der Arbeitnehmer den Totalverlust des Arbeitsplatzes. Dies ist der Fall, wenn in einem Kündigungsrechtsstreit rechtskräftig festgestellt wird, dass die außerordentliche Änderungskündigung wirksam ist. Soweit die Arbeitnehmerin bzw. der Arbeitnehmer jedoch obsiegt, ist das Arbeitsverhältnis zu den bisherigen (alten) Arbeitsbedingungen fortzusetzen. Sofern die Arbeitnehmerin bzw. der Arbeitnehmer bereits aus dem Betrieb ausgeschieden war, stehen ihr bzw. ihm für den Zeitraum zwischen dem Kündigungsendtermin und der rechtskräftigen Entscheidung Ausgleichsansprüche (Annahmeverzugslohn) zu.

2.13 Außerordentliche (fristlose) Kündigung

Nach § 626 Abs. 1 BGB kann das Arbeitsverhältnis aus wichtigem Grund ohne Einhaltung einer Kündigungsfrist gekündigt werden, wenn Tatsachen vorliegen, aufgrund derer dem kündigenden Arbeitgeber unter Berücksichtigung aller Umstände des

Einzelfalles und unter Abwägung der Interessen beider Vertragsteile die Fortsetzung des Arbeitsverhältnisses bis zum Ablauf der Kündigungsfrist oder bis zum vereinbarten Beendigungstermin nicht mehr zugemutet werden kann.

Während bei einer ordentlichen Kündigung stets die Kündigungsfristen einzuhalten sind, kann eine außerordentliche Kündigung auch fristlos erklärt werden. Sie wird dann mit dem Tag des Zugangs wirksam. Allerdings kann eine außerordentliche Kündigung auch mit einer Frist, der sog. Auslauffrist, ausgesprochen werden.

Praxis
In der Praxis wird die außerordentliche Kündigung fast immer als fristlose Kündigung ausgesprochen. Hintergrund ist der unbestimmte Rechtsbegriff „wichtiger Grund". Das BAG nimmt für eine außerordentliche Kündigung an, dass es dem kündigenden Vertragsteil nicht zugemutet werden könne, unter Berücksichtigung aller Umstände nach Treu und Glauben das Arbeitsverhältnis mit dem anderen Vertragsteil weiter fortzuführen, und zwar auch nicht bis zum Ablauf der ordentlichen Kündigungsfrist oder bis zur vereinbarten Beendigung des Arbeitsverhältnisses.

Eine weitere Zusammenarbeit während einer Auslauffrist würde dem Arbeitgeber diesen Vortrag fast immer zunichte machen, da er in diesem Fall ja auch noch mit der Mitarbeiterin bzw. dem Mitarbeiter weiter zusammenarbeitet bzw. zusammengearbeitet hat.

Auch die außerordentliche Kündigung muss schriftlich erklärt werden. Es ist stets zu prüfen, ob ein bestimmter Sachverhalt ohne die weiteren besonderen Umstände des Einzelfalles an sich geeignet ist, einen Kündigungsgrund zu bilden.
Voraussetzung einer außerordentlichen Kündigung ist ein „wich-

tiger Grund". Nach der Rechtsprechung wird ein wichtiger Grund durch objektiv vorliegende Tatsachen bestimmt, die an sich geeignet sind, die Fortsetzung des Dienst- oder Arbeitsverhältnisses unzumutbar zu machen.

Die im Gesetz vorgeschriebene Berücksichtigung aller Umstände des Einzelfalles und die ebenfalls vorgeschriebene Abwägung der jeweiligen Interessen beider Vertragsteile führen dazu, dass es keine so genannten absoluten Kündigungsgründe gibt. Auch wenn ein an sich durchaus als wichtiger Grund geeigneter Umstand vorliegt, muss stets eine Abwägung aller für oder gegen die außerordentliche Beendigung des Arbeitsverhältnisses sprechenden Umstände erfolgen.

Ob ein wichtiger Grund vorliegt, wird vom BAG in zwei Stufen geprüft:

Erste Stufe:

- Sind die Tatsachen selbst objektiv geeignet, einen wichtigen Grund für die Kündigung darzustellen?

Zweite Stufe:

- Ist dem Arbeitgeber unter Berücksichtigung aller Umstände des Einzelfalles und nach Abwägung der Interessen beider Vertragsteile die Fortsetzung des Arbeitsverhältnisses bis zum Ablauf der ordentlichen Kündigungsfrist oder bis zur Beendigung des Arbeitsverhältnisses bei einem befristeten Arbeitsvertrag unzumutbar?

Bei der Prüfung, ob Tatsachen objektiv geeignet sind, einen wichtigen Grund für die Kündigung darzustellen, haben sich in der Rechtsprechung Fallgruppen von Sachverhalten (Katalog der Kündigungsgründe) herausgebildet, die in der Regel als außerordentlicher Kündigungsgrund ausreichen:

- Arbeitsverweigerung, Bummelei mit erheblichen Fehlzeiten (nach Abmahnung)
- Verletzung von Sicherheitsbestimmungen (nach Abmahnung)
- schwerwiegende Beleidigungen
- Trunkenheit eines Kraftfahrers am Steuer
- Bestechlichkeit
- Spesenbetrug
- falsche Dokumentation von Arbeitszeiten
- heimliches Mitführen eines Tonbandgerätes durch eine Arbeitnehmerin bzw. einen Arbeitnehmer während eines Gesprächs mit dem Arbeitgeber
- Verbreitung ausländerfeindlicher Schriften
- sexuelle Belästigung am Arbeitsplatz
- körperliche Auseinandersetzungen/Gewalt am Arbeitsplatz
- Werbung für Scientology

Im Fall des Vorliegens eines kündigungsrelevanten Sachverhalts ist in der zweiten Stufe eine Interessenabwägung des Einzelfalls durchzuführen. Im Rahmen der Interessenabwägung sind folgende Aspekte zu berücksichtigen:

- Kommt statt der außerordentlichen Kündigung ein milderes Mittel in Betracht?
- Dauer der Betriebszugehörigkeit
- Kann die Arbeitnehmerin bzw. der Arbeitnehmer mittels einer Änderungskündigung auf einem anderen Arbeitsplatz weiterbeschäftigt werden?

Nur wenn die Fortsetzung des Arbeitsverhältnisses unter Abwägung der Interessen von Arbeitgeber und Arbeitnehmerin bzw. Arbeitnehmer bis zum Ablauf der Kündigungsfrist oder bis zur Beendigung des befristeten Arbeitsverhältnisses unzumutbar ist, ist die Kündigung berechtigt.

Dabei muss die Abwägung der Interessen beider Parteien dazu führen, dass der bzw. dem Kündigenden unter Berücksichtigung aller Umstände des Einzelfalles angesichts des objektiv geeigneten Kündigungsgrundes die Fortsetzung des Arbeitsverhältnisses bis zum Ablauf der ordentlichen Kündigungsfrist oder bis zur vertragsgemäßen Beendigung eines befristeten Arbeitsverhältnisses nicht zumutbar ist.

In Bezug auf die Durchführung und die bei einer Interessenabwägung zu berücksichtigenden Punkte wird auf die Ausführungen hinsichtlich der personenbedingten Kündigung (vgl. Kapitel 2.10) verwiesen.

Ergänzend sind die Betriebszugehörigkeitsdauer, das von der Arbeitnehmerin bzw. dem Arbeitnehmer in der unbeanstandeten Beschäftigung erworbene „Vertrauenskapital", die ordentliche Kündigungsfrist, die Art und Schwere der Verfehlung, das Interesse an der korrekten Handhabung der Geschäftsanweisungen, die wirtschaftlichen Folgen des Vertragsverstoßes, der Verschuldensgrad, das gegebene Maß der Beschädigung des Vertrauens, die Wiederholungsgefahr, das Lebensalter der Arbeitnehmerin bzw. des Arbeitnehmers, die Betriebsgröße sowie die Folgen der Auflösung des Arbeitsverhältnisses für die Arbeitnehmerin bzw. den Arbeitnehmer zu berücksichtigen.

Bei der Interessenabwägung sind auch mildere Mittel wie Änderungskündigung, Versetzung und ordentliche Kündigung in Betracht zu ziehen.

Einhaltung der Ausschlussfrist

Die außerordentliche Kündigung muss gemäß § 626 Abs. 2 BGB innerhalb einer Frist von 14 Tagen ausgesprochen werden. Innerhalb dieser Frist ist auch die Anhörung des Betriebsrates vorzunehmen.

Die Zwei-Wochen-Frist des § 626 Abs. 2 BGB ist eine materielle Ausschlussfrist. Nach Ablauf dieser Frist gilt die unwiderlegbare Vermutung, dass dem Arbeitgeber die Fortsetzung des Arbeitsverhältnisses zumindest bis zum Ablauf der ordentlichen Kündigungsfrist zumutbar ist.

Die Frist beginnt mit dem Zeitpunkt, in dem die bzw. der Kündigungsberechtigte von den für die Kündigung maßgebenden Tatsachen Kenntnis erlangt.

Vermutungen, selbst grob fahrlässige Unkenntnis, reichen nicht aus. Die Tatsachen müssen der bzw. dem Kündigungsberechtigten die Entscheidung ermöglichen, ob für sie bzw. ihn die Fortsetzung des Arbeitsverhältnisses zumutbar ist oder nicht. Sind noch Ermittlungen über den Kündigungssachverhalt erforderlich, ist der Beginn der Ausschlussfrist so lange gehemmt, wie die bzw. der Kündigungsberechtigte aus verständlichen Gründen mit der gebotenen Eile Ermittlungen durchführte und der Kündigungsgegner dies erkennen konnte. Dies gilt insbesondere, wenn die Arbeitnehmerin bzw. der Arbeitnehmer vor der Kündigung angehört wird. Die Anhörung muss dann im Allgemeinen jedoch binnen einer Woche durchgeführt werden.

Bei juristischen Personen ist grundsätzlich die Kenntnis des zur Kündigung berechtigten Organs entscheidend. Bei der GmbH ist für die Kündigung eines Geschäftsführers die Kenntnis der Gesellschaftsversammlung maßgeblich.

Folge einer Fristversäumung
Die Versäumung der Ausschlussfrist hat zur Folge, dass eine außerordentliche Kündigung nicht mehr möglich ist. Das Recht, eine ordentliche fristgemäße Kündigung auszusprechen, wird durch die versäumte Frist nicht berührt. Die ordentliche Kündigung kann daher mit den Tatsachen begründet werden, die wegen der Fristversäumnis für die außerordentliche Kündigung nicht mehr berücksichtigt werden durften.

Umdeutung einer außerordentlichen Kündigung
Ist eine außerordentliche Kündigung rechtsunwirksam, so kann sie gemäß § 140 BGB in eine ordentliche Kündigung zum nächstzulässigen Zeitpunkt umgedeutet werden, wenn dies nach den gegebenen Umständen dem mutmaßlichen Willen des Arbeitgebers entspricht und dieser Wille der Arbeitnehmerin bzw. dem Arbeitnehmer erkennbar geworden ist.

Die Anhörung des Betriebsrates zur umgedeuteten ordentlichen Kündigung ist allerdings nur ordnungsgemäß, wenn der Betriebsrat vom Arbeitgeber darauf hingewiesen wurde, dass die vorgesehene außerordentliche Kündigung hilfsweise als ordentliche Kündigung gelten soll.

Tipp!

Hilfsweise zugleich ordentlich kündigen
Um sicherzustellen, dass das Arbeitsgericht im Kündigungsschutzprozess hilfsweise die weniger strengen Voraussetzungen einer ordentlichen Kündigung prüft, sollte die außerordentliche Kündigung hilfsweise zugleich auch als ordentliche Kündigung erklärt werden. Falls ein Betriebsrat existiert, ist die ordentliche Kündigung jedoch nur bei dessen ordnungsgemäßer Anhörung auch zur ordentlichen Kündigung wirksam.

Formulierungsvorschlag:
„Hiermit kündigen wir Ihnen das Arbeitsverhältnis fristlos mit sofortiger Wirkung, hilfsweise ordentlich zum 31.10.2010."

Tipp!

Hilfsweise doppelte Betriebsratsanhörung
Mit der Anhörung des Betriebsrates zur außerordentlichen Kündigung sollte dieser mit getrenntem Anhörungsschreiben auch zur hilfsweisen ordentlichen Kündigung angehört werden. Wegen der unterschiedlichen Widerspruchsfristen von einer Woche bei der ordentlichen und drei Tagen bei der außerordentlichen Kündigung kann dem Betriebsrat so deutlich vermittelt werden, zu welcher Kündigung er Stellung nehmen soll. Um möglichst sicherzustellen, dass der Betriebsrat, wenn er eine Stellungnahme vor Ablauf der Frist abgibt, diese auch „abschließend" abgibt, kann

auf dem Anhörungsbogen dies gleich vorformuliert oder zum Ankreuzen vorbereitet werden. In diesem Fall sind die getrennten Anhörungsschreiben nicht zu umgehen.

Außer bei einem Berufsausbildungsverhältnis ist die Angabe des Kündigungsgrundes keine Wirksamkeitsvoraussetzung der außerordentlichen Kündigung. Der Verstoß gegen die Verpflichtung in § 626 Abs. 2 Satz 3 BGB, auf Verlangen den Kündigungsgrund mitzuteilen, führt deshalb nicht zur Unwirksamkeit der außerordentlichen Kündigung. Unter Umständen können jedoch Schadensersatzansprüche (z. B. wegen vermeidbarer Prozesskosten) entstehen. Diese sind jedoch schwer zu begründen und somit nicht von Bedeutung. In der Praxis werden sie kaum verfolgt.

2.14 Verdachtskündigung

Bereits der schwerwiegende Verdacht einer arbeitsvertraglichen Pflichtverletzung kann eine außerordentliche Kündigung rechtfertigen. Dieser Verdacht muss sich aber aus objektiven, im Zeitpunkt der Kündigung vorliegenden, Tatsachen ergeben, und es muss dem Arbeitgeber unzumutbar sein, das Arbeitsverhältnis mit der Arbeitnehmerin bzw. dem Arbeitnehmer aufrechtzuerhalten, zu der bzw. dem aufgrund dieses konkreten Verdachts kein Vertrauensverhältnis mehr besteht.

Im Rahmen einer Verdachtskündigung muss der Arbeitgeber grundsätzlich die ihm zumutbaren und erforderlichen Ermittlungen vornehmen. Bei diesen Ermittlungen ist zwar keine Gegenüberstellung der belasteten Arbeitnehmerin bzw. des belasteten Arbeitnehmers mit dem oder den jeweiligen Belastungszeugen erforderlich, wohl aber stets die Anhörung der bzw. des Betroffenen zu den gegen sie bzw. ihn erhobenen Vorwürfen.

Dies verhält sich anders bei der so genannten Tat- oder Tatsachenkündigung. Bei einer solchen Kündigung ist eine Aufklärungspflicht des Arbeitgebers vor Kündigungsausspruch nicht gegeben. Erst in dem Kündigungsschutzprozess wird der Arbeitgeber dann das Vorliegen der von ihm behaupteten Gründe beweisen müssen.

Die Verdachtskündigung ist gesetzlich nicht unmittelbar geregelt, ergibt sich jedoch mittelbar aus § 1 Abs. 2 KSchG und § 626 Abs. 1 BGB. Maßgebender Grundsatz ist das Verhältnismäßigkeitsprinzip, das nur bei Bestehen eines dringenden Tatverdachts die Kündigung gestattet.

Voraussetzungen
Die objektiven Anforderungen an die Verdachtskündigung sind streng. Es müssen damit neben den sonstigen Voraussetzungen der verhaltensbedingten Kündigung folgende besondere Tatbestandsvoraussetzungen erfüllt sein:

- objektiver und dringender Tatverdacht
- Erheblichkeit der Verdachtstat/Geeignetheit für die Vertrauensstörung
- Ausschöpfung aller zumutbaren Aufklärungsmaßnahmen und vorherige Anhörung der Arbeitnehmerin bzw. des Arbeitnehmers
- Einhaltung des Grundsatzes der Verhältnismäßigkeit

Objektiver Verdacht
Auch wenn der Verdacht einer Vertragsverletzung das zur Fortsetzung des Arbeitsverhältnisses notwendige Vertrauen des Ar-

beitgebers in die Rechtschaffenheit der Arbeitnehmerin bzw. des Arbeitnehmers zerstören oder auf andere Weise eine unerträgliche Belastung des Arbeitsverhältnisses darstellen kann, müssen an eine Verdachtskündigung strenge Anforderungen gestellt werden. Bei einer solchen Kündigung ist nämlich niemals ganz die Gefahr zu vermeiden, dass sie eine Unschuldige bzw. einen Unschuldigen trifft.

Dazu gehört, dass der Verdacht objektiv durch bestimmte Tatsachen begründet ist. Allein das Bestehen von Gerüchten oder Vermutungen reicht nicht aus. Die den Verdacht begründenden Tatsachen müssen objektiv zum Zeitpunkt der Kündigung vorliegen. Auf die subjektive Wertung des Arbeitgebers kommt es nicht an. Es ist daher zu überprüfen, ob ein verständiger und gerecht abwägender Arbeitgeber eine Kündigung aussprechen würde.

Erheblichkeit der Verdachtstat

An die Verdachtskündigung sind strenge Anforderungen zu stellen, um soweit wie möglich die Gefahr zu vermeiden, dass sie eine Unschuldige bzw. einen Unschuldigen trifft. Hieraus folgt, dass nicht nur der Grad des Verdachts, sondern auch das Fehlverhalten, dessen die Arbeitnehmerin bzw. der Arbeitnehmer verdächtigt wird, schwerwiegend sein muss.

Der Verdacht muss auf ein Verhalten der Arbeitnehmerin bzw. des Arbeitnehmers gerichtet sein, das als Grund für eine ordentliche oder sogar außerordentliche Kündigung ausreicht, wenn die bzw. der Verdächtige sich dessen tatsächlich schuldig gemacht hätte. Es muss sich nicht um den Verdacht einer Straftat handeln. Auch der dringende Verdacht einer nicht strafbaren, gleichwohl erheblichen Verletzung der arbeitsvertraglichen Pflichten kann ein Grund für die Kündigung sein. Handelt es sich um außerdienstliches Verhalten, wobei hier in erster Linie strafrechtlich relevantes Handeln eine Rolle spielt, kommt es darauf an, ob das Verhalten einen ausreichenden Bezug zum Arbeitsverhältnis und zu dessen Vertrauensgrundlage hat.

Beispiele für ausreichende Verdachtstatbestände: Betrug, falsche Spesenabrechnungen, Veruntreuungen, Diebstahl, illegale verfassungsfeindliche Tätigkeit, Versicherungsbetrug eines Arbeitnehmers einer Versicherung gegenüber einer anderen Versicherung, Verrat von Betriebs- und Geschäftsgeheimnissen, Veränderungen an der Stempelkarte, Erschleichen der Entgeltfortzahlung, sexuelle Belästigung von Arbeitskolleginnen, Vortäuschen einer Arbeitsunfähigkeit, Manipulation von Urlaubsanträgen, sexueller Missbrauch von psychisch kranken Personen.

Dringender Tatverdacht
Der Verdacht einer Straftat oder Pflichtverletzung seitens der Arbeitnehmerin bzw. des Arbeitnehmers muss bei einer Verdachtskündigung dringend sein. Bei kritischer Prüfung durch einen verständigen und gerecht abwägenden Arbeitgeber muss sich ergeben, dass eine auf Beweisanzeichen (Indizien) gestützte große Wahrscheinlichkeit für die Tat gerade dieser Arbeitnehmerin bzw. dieses Arbeitnehmers besteht. Hierbei ist einerseits von Bedeutung, ob die verdächtigte Person durch schuldhaftes Verhalten erhebliche Gründe für den Verdacht gegeben und sich nicht um die Aufklärung der ihr zur Last gelegten Tat bemüht hat.

Andererseits ist eine Verdachtskündigung als Reaktion auf die Störung des für die Fortsetzung des Arbeitsverhältnisses notwendigen Vertrauens dann unverhältnismäßig, wenn der Arbeitgeber vor Kündigungsausspruch nicht alle zumutbaren Anstrengungen zur Aufklärung des Sachverhalts unternommen hat.

Bei einem rechtskräftigen Freispruch der Arbeitnehmerin bzw. des Arbeitnehmers im strafgerichtlichen Verfahren wegen erwiesener Unschuld müssen auch die Arbeitsgerichte, wenn nicht neue Tatsachen eine andere Beurteilung rechtfertigen, davon ausgehen, dass der Verdacht von Anfang an unbegründet gewesen ist. Dieser Freispruch ist nach der Rechtsprechung des Bundesarbeitsgerichts noch im laufenden arbeitsgerichtlichen Kündigungsschutzprozess zu beachten. Wegen dieses Freispruchs kann der Arbeitnehmerin bzw. dem Arbeitnehmer gegenüber dem bisherigen Arbeitgeber auch nach einem inzwischen rechtskräftig abgeschlossenen Kündigungsschutzverfahren ein Wiedereinstellungsanspruch zustehen.

Ausschöpfung aller zumutbaren Aufklärungsmaßnahmen und Anhörung der Arbeitnehmerin bzw. des Arbeitnehmers

Da bei einer Verdachtskündigung nie die Gefahr zu vermeiden ist, dass diese eine Unschuldige bzw. einen Unschuldigen trifft, hat der Arbeitgeber vor Ausspruch der Kündigung besonders sorgfältig alles ihm Zumutbare zur Aufklärung des Sachverhalts vorzunehmen. So muss er auch Entlastungstatsachen prüfen, z. B. ob nicht auch andere Täter in Betracht kommen.

Dabei wird bei der Verdachtskündigung im Gegensatz zu anderen Kündigungen vom BAG verlangt, dass der Arbeitgeber die Arbeitnehmerin bzw. den Arbeitnehmer vor Ausspruch einer Verdachtskündigung angehört und ihr bzw. ihm Gelegenheit zur Stellungnahme gibt. Die Arbeitnehmerin bzw. der Arbeitnehmer muss die Möglichkeit erhalten, die Verdachtsgründe zu entkräften und Entlastungstatsachen anzuführen. Der Umfang der Anhörung ergibt sich aus den Umständen des Einzelfalles. Die Anhörung der betroffenen Arbeitnehmerin bzw. des betroffenen Arbeitnehmers muss sich auf einen konkretisierten Sachverhalt beziehen. Es genügt, wenn der Arbeitgeber diese bzw. diesen mit dem Kernvorwurf konfrontiert. Es reicht aber nicht, die Arbeitnehmerin bzw. den Arbeitnehmer mit einer völlig unsubstantiierten Wertung zu konfrontieren. Vielmehr muss ihr bzw. ihm ein so konkretisierter Sachverhalt mitgeteilt werden, dass eine substantiierte Stellungnahme und Verteidigung möglich ist.

Eine ordnungsgemäße Anhörung kann zudem nur stattfinden, wenn die Arbeitnehmerin bzw. der Arbeitnehmer zu ihr auch ordnungsgemäß geladen wurde.

Tipp!

Ladung zur Anhörung
Vor dem Hintergrund der Rechtsprechung sollte die Arbeitnehmerin bzw. der Arbeitnehmer unter kurzem Hinweis auf die Vorwürfe formell zur Anhörung geladen werden, z. B.: „Thema des Gesprächs ist die Richtigkeit Ihrer Spesenabrechnung im April 2014". Ferner sollte ihr bzw. ihm ausreichend Zeit zur Vorbereitung der Anhörung und ggf. die Hinzuziehung eines Beraters oder Zeugen gewährt werden.

Die vorherige Anhörung der Arbeitnehmerin bzw. des Arbeitnehmers ist Wirksamkeitsvoraussetzung der Verdachtskündigung. Die unterbliebene vorherige Anhörung zum Verdachtstatbestand hat somit grundsätzlich die Unwirksamkeit der Verdachtskündigung zur Folge.

Unterbleibt jedoch die Anhörung aus Gründen, die der Arbeitgeber nicht zu vertreten hat, wird dadurch die Wirksamkeit der Verdachtskündigung nicht berührt. Dies wird z. B. angenommen bei der Verweigerung der Arbeitnehmerin bzw. des Arbeitnehmers an der Durchführung der Anhörung, somit z. B. wenn diese oder dieser von vornherein nicht bereit ist, sich zu den Verdachtsgrün-

den im Einzelnen zu äußern, oder sie bzw. er sich in Untersuchungshaft befindet.
Bezüglich der vorherigen Anhörung gilt eine Regelfrist von einer Woche. Das bedeutet, dass der Arbeitgeber, sobald für ihn die Dringlichkeit eines Tatverdachts vorliegt, innerhalb einer Woche eine Anhörung vornehmen muss.

Das Ergebnis der Anhörung ist einem ggf. vorhandenen Betriebsrat wegen dessen Beteiligungsrechts gemäß § 102 Abs. 1 BetrVG immer mitzuteilen.

Außerordentliche Verdachtskündigung
Die Verdachtskündigung ist je nach Gewicht der Tat als ordentliche und als außerordentliche Kündigung denkbar.

Bei der außerordentlichen Kündigung hat der Arbeitgeber die Einhaltung der Zwei-Wochen-Frist gem. § 626 Abs. 2 BGB zu berücksichtigen. Diese Frist beginnt mit dem Zeitpunkt, in dem die bzw. der Kündigungsberechtigte von den für die Kündigung tragenden Tatsachen Kenntnis erlangt.

Wegen der vor Ausspruch einer Verdachtskündigung besonders gebotenen Sachaufklärung durch den Arbeitgeber beginnt die Frist erst mit Abschluss der erforderlichen Sachaufklärung. Zur Sachaufklärung gehören auch die Umstände, die zugunsten der Arbeitnehmerin bzw. des Arbeitnehmers sprechen.

Da im Gegensatz zu anderen Kündigungen die Anhörung der Arbeitnehmerin bzw. des Arbeitnehmers durch den Arbeitgeber vor Ausspruch einer Verdachtskündigung grundsätzlich Wirksamkeitsvoraussetzung ist, ist die Sachaufklärung erst nach der Anhörung abgeschlossen, sodass die Frist erst anschließend zu laufen beginnt.

Grundsatz der Verhältnismäßigkeit
Der das gesamte Kündigungsrecht beherrschende Grundsatz der Verhältnismäßigkeit ist besonders bei der Verdachtskündigung zu beachten.

Daher hat der Arbeitgeber auch vor dem Ausspruch einer Verdachtskündigung immer zu prüfen, ob dem Tatverdacht nicht schon hinreichend dadurch begegnet werden kann, dass er als milderes Mittel im Vergleich zum Kündigungsausspruch die Arbeitnehmerin bzw. den Arbeitnehmer auf einen anderen freien Arbeitsplatz versetzt.

Tatkündigung oder Verdachtskündigung?
Auch wenn der Arbeitgeber der Ansicht ist, die Verdachtsmomente gegen die Arbeitnehmerin bzw. den Arbeitnehmer seien erdrückend, kann er sich dennoch auf den Ausspruch einer Verdachtskündigung beschränken, z. B., wenn er die Arbeitnehmerin bzw. den Arbeitnehmer schonen oder vor Abschluss eines Strafverfahrens nicht einer Straftat bezichtigen möchte.

Der Arbeitgeber kann aber auch, falls er objektiv nur einen Verdacht hat, eine Tatkündigung aussprechen, wenn er der Auffassung ist, die Tat könne nachgewiesen werden. Will der Arbeitgeber eine Tatkündigung aussprechen, ist ihm in jedem Fall zu empfehlen, zumindest hilfsweise an eine Verdachtskündigung zu denken.

Spricht der Arbeitgeber lediglich eine fristlose Verdachtskündigung aus, ist er durch § 626 BGB nicht gehindert, sich im Kündigungsschutzprozess auf die Tat zu berufen.

Wird lediglich eine Verdachtskündigung ausgesprochen und schiebt der Arbeitgeber auch im Kündigungsschutzprozess eine

Tatkündigung nicht nach, steht dann aber z. B. nach einer Beweisaufnahme zur Überzeugung des Gerichtes fest, dass der Arbeitnehmer die ihm vorgeworfene Pflichtverletzung tatsächlich begangen hat, wird durch diese Gewissheit die Begründetheit des Verdachts belegt, weshalb der Verdacht, bezogen auf die nachgewiesene Pflichtverletzung als Kündigungsgrund für eine Verdachtskündigung anzuerkennen ist.

2.15 Abfindung und Kündigung mit Abfindungsangebot

Angesichts der erheblichen Schwierigkeiten, die ein Arbeitgeber (dessen Betrieb dem Geltungsbereich des KSchG unterfällt) beim Ausspruch einer Kündigung hat, ist die Zahl der (gerichtlichen) Auflösungen von Arbeitsverhältnissen gegen Zahlung einer Abfindung gestiegen. Ca. 80 % der arbeitsgerichtlichen Verfahren werden durch gerichtliche (Abfindungs-)Vergleiche beendet. Die Arbeitnehmerin bzw. der Arbeitnehmer akzeptiert dabei regelmäßig den Ausspruch der Kündigung, während der Arbeitgeber sich bereit erklärt, einen gewissen Geldbetrag als Abfindung zu zahlen.

Die Gründe für diese Entwicklung liegen in den tatsächlichen Interessenlagen von Arbeitgeber und Arbeitnehmerin bzw. Arbeitnehmer.

Es ist für einen Arbeitgeber in vielen Fällen sehr schwierig, eine Kündigung richtig zu begründen. Die gesetzlichen Voraussetzungen sind hoch, und die Rechtssprechung hat weitere Hürden aufgestellt. Die Möglichkeit, dass ein Arbeitsgericht nach langer Verfahrensdauer erstinstanzlich zu dem Ergebnis kommt, dass eine Kündigung nicht rechtswirksam ist, ist eine reale Bedrohung.

Das Risiko für den Arbeitgeber besteht nicht nur in der Rückkehr der gekündigten Arbeitnehmerin bzw. des gekündigten Arbeitnehmers in den Betrieb und der dann folgenden Vergütungspflicht. Das wirtschaftliche Risiko besteht vielmehr bereits darin, dass der Arbeitgeber mit dem Ausspruch der Kündigung zum Ausdruck gebracht hat, dass er die Arbeitnehmerin bzw. den Arbeitnehmer nicht mehr beschäftigen möchte.

Die Arbeitnehmerin bzw. der Arbeitnehmer hat durch die Erhebung der Kündigungsschutzklage deutlich gemacht, dass sie bzw. er weiterarbeiten möchte, sodass sich der Arbeitgeber somit im Verzug gemäß § 615 Abs. 1 S. 1 BGB befindet. Wenn das Arbeitsgericht (oder in der zweiten Instanz das Landesarbeitsgericht) feststellt, dass die Kündigung nicht rechtswirksam war, ist der Arbeitgeber verpflichtet, den gesamten Lohn vom Ablauf der Kündigungsfrist bis zur Beendigung des Verfahrens (unter Anrechnung eines ggf. bestehenden Zwischenverdienstes) nachzuzahlen. Arbeitslosengeld, das die Arbeitnehmerin bzw. der Arbeitnehmer unter Umständen erhalten hat, wird durch die Bundesagentur für Arbeit von dem Arbeitgeber zurückgefordert. Dies kann insbesondere für kleine und mittelständische Betriebe und Unternehmen ein fast untragbares wirtschaftliches Risiko darstellen. Auf Seiten der Arbeitnehmerin bzw. des Arbeitnehmers besteht oft nicht das Interesse, den Arbeitsplatz weiter zu behalten. Den Ausspruch der Kündigung empfinden viele Arbeitnehmerinnen und Arbeitnehmer als kränkend und befürchten, auch bei einem Obsiegen Schwierigkeiten im Betrieb des Arbeitgebers zu bekommen. Eine Rückkehr in den Betrieb ist aus diesem Grund oft nicht das Ziel der Arbeitnehmerin bzw. des Arbeitnehmers. Das Obsiegen im Kündigungsschutzverfahren und der Erhalt des Arbeitsplatzes werden sogar häufig als eine Art „Sieg zweiter Klasse“ verstanden. Somit haben beide Seiten ein Interesse an einer Einigung.

Das praktische Bedürfnis nach einer Möglichkeit, einer Arbeitnehmerin bzw. einem Arbeitnehmer einen Anreiz zu bieten, damit diese bzw. dieser nicht mehr an dem Arbeitsplatz festhalten möchte, hat zu der oben beschriebenen Entwicklung geführt.

Im Fall eines Vergleiches akzeptiert die Arbeitnehmerin bzw. der Arbeitnehmer die ausgesprochene Kündigung. Sie bzw. er erhält hierfür eine Abfindung. Die „Faustformel" mit der die Höhe der Regelabfindung bestimmt wird, beträgt ein Bruttomonatsgehalt pro Beschäftigungsjahr. Es wird hierbei auf das Bruttomonatsentgelt zum Zeitpunkt des Ausscheidens abgestellt. Dies ist allerdings nicht zwingend. Die Höhe der Abfindung ist im Wesentlichen das Ergebnis von Verhandlungen zwischen Arbeitnehmerin bzw. Arbeitnehmer und Arbeitgeber.

Bei der Höhe der Abfindung ist die Spannbreite weit. Es kommt stets auf den Einzelfall an. Die Regelabfindung ist nur ein grober Anhaltspunkt. Je nach Branche und Fallkonstellation sind auch Abfindungen bis zu zwei oder noch mehr Monatsvergütungen pro Beschäftigungsjahr verhandelbar.

Je nachdem, wie hoch die Wahrscheinlichkeit ist, dass eine Kündigung sozial gerechtfertig ist, kann die Abfindung höher oder niedriger sein. Auch die wirtschaftliche Leistungsfähigkeit des Arbeitgebers spielt eine große Rolle. Soweit das Unternehmen wirtschaftlich gut aufgestellt ist, wird es eher bereit sein, eine hohe Abfindung zu zahlen, als ein sich in der Krise befindliches Unternehmen.

Oft werden Abfindungen im Rahmen der ersten Verhandlung vor dem Arbeitsgericht (Güteverhandlung) oder in einem engen zeitlichen Zusammenhang hierzu ausgehandelt.

Der Vergleich kann dann gerichtlich protokolliert werden. Entweder bereits in der Güteverhandlung oder später im schriftlichen Verfahren nach § 278 Abs. 6 ZPO. Aus diesem Vergleich kann dann – im Fall der Nichtzahlung – auch die Zwangsvollstreckung betrieben werden.

Einen allgemein bestehenden und einklagbaren Anspruch auf eine Abfindung gibt es nicht. Die Ausnahme stellt § 1a KSchG dar. Daneben können Abfindungen in einzelvertraglichen oder tarifvertraglichen Regelungen enthalten sein.

Die Höhe der Abfindung nach § 1a KSchG beträgt mindestens ein halbes Bruttomonatsgehalt pro Beschäftigungsjahr. Wenn der Arbeitgeber eine Abfindung in der genannten Höhe anbietet und die Arbeitnehmerin bzw. der Arbeitnehmer auf die Erhebung einer Kündigungsschutzklage verzichtet, hat sie bzw. er automatisch Anspruch auf die angebotene Abfindung, die auch höher sein kann als die im Gesetz vorgeschriebene.

Diese Vorschrift sollte nach der Konzeption des Gesetzgebers zu einer Entlastung der Gerichte führen, was sich allerdings in der Praxis nicht durchgesetzt hat. Zu oft stehen taktische Überlegungen der Parteien im Vordergrund. Ein Arbeitgeber bietet eine Abfindung nicht vor einer gerichtlichen Verhandlung an, da er dies im gerichtlichen Verfahren immer noch tun kann. Gerichtskosten entstehen bei einer Einigung im Gütetermin nicht. In erster Instanz besteht darüber hinaus kein Anwaltszwang, sodass sich der Arbeitgeber auch selbst vertreten kann. Sofern die Arbeitnehmerin bzw. der Arbeitnehmer gar keine Kündigungsschutzklage einleitet, könnte der Arbeitgeber die Abfindung vollständig sparen. Die Arbeitnehmerin bzw. der Arbeitnehmer dagegen wird eventuell Interesse daran haben, im Verfahren noch Druck auszuüben, um dann eine noch höhere Abfindung zu erstreiten.

Ein weiterer Fall, in einem gerichtlichen Verfahren einen Abfindungsanspruch zu erlangen, besteht, wenn das Gericht zu der Auffassung gelangt, dass die Kündigung unwirksam war, und die Parteien während des Prozesses so in Streit geraten sind, dass keinem eine weitere Zusammenarbeit zuzumuten ist. Das Gericht kann dann das Arbeitsverhältnis nach einem Auflösungsantrag der Parteien und gegen Zuerkennung einer Abfindung gemäß § 10 KSchG auflösen. Die Abfindungshöhe wird durch das Gericht festgelegt und kann bis zu einem Bruttomonatslohn pro Beschäftigungsjahr betragen

Auch kann ein Anspruch auf Zahlung einer Abfindung aus einem Interessenausgleich mit Sozialplan gemäß §§ 112, 112a BetrVG resultieren, der wegen einer Betriebsänderung nach § 111 BetrVG (also auch einer Betriebsstilllegung) zwischen Betriebsrat und Arbeitgeber ausgehandelt worden ist.

Beginnt ein Arbeitgeber mit der Umsetzung der Betriebsänderung, ohne dass er zuvor mit dem Betriebsrat einen Interessenausgleich ausreichend versucht oder abgeschlossen hätte, haben die betroffenen Arbeitnehmerinnen und Arbeitnehmer einen Anspruch auf einen so genannten Nachteilsausgleich gemäß § 113 Abs. 3 BetrVG.

2.16 Wiedereinstellungsanspruch nach wirksamer Kündigung

Unter bestimmten Voraussetzungen erhält eine Arbeitnehmerin bzw. ein Arbeitnehmer nach der Rechtsprechung des BAG trotz einer zum Zeitpunkt des Zugangs ordnungsgemäßen Kündigung einen Anspruch gegen den Arbeitgeber, wieder eingestellt zu werden, nämlich wenn der Kündigungsgrund nachträglich und noch in der Kündigungsfrist wieder entfallen ist.

Der Anspruch auf Fortsetzung des Arbeitsverhältnisses besteht unter folgenden Voraussetzungen:

- Die Kündigung des Arbeitsverhältnisses ist wirksam (geworden),
- der Kündigungsgrund ist nachträglich weggefallen,
- der Arbeitgeber hat mit Rücksicht auf die Wirksamkeit der Kündigung noch keine Dispositionen getroffen und
- dem Arbeitgeber ist die unveränderte Fortsetzung des Arbeitsverhältnisses zumutbar.

Wirksame Kündigung
Der Wiedereinstellungsanspruch setzt eine wirksame Kündigung voraus. Dabei macht es keinen Unterschied, ob die Kündigung vom Arbeitsgericht rechtskräftig für wirksam anerkannt oder von der Arbeitnehmerin bzw. dem Arbeitnehmer überhaupt nicht angegriffen oder ob ein Vergleich abgeschlossen worden ist.

Auch die Art der vorangegangenen Kündigung ist nicht festgelegt. Ein Wiedereinstellungsanspruch ist nach einer betriebsbedingten, einer personenbedingten oder einer Verdachtskündigung möglich.

Ein Wiedereinstellungsanspruch besteht zudem, wenn ein Vergleich geschlossen worden ist und der Arbeitgeber sich noch während des Laufes der Kündigungsfrist dazu entschließt, den Betrieb teilweise fortzuführen. Er gilt ggf. auch im Kleinbetrieb, wenn dieser entgegen anfänglicher Planung doch nicht stillgelegt wird.

Kündigungssachverhalt fällt nachträglich weg
Der Anspruch auf Wiedereinstellung kommt nur dann zur Anwendung, wenn der Kündigungssachverhalt sich nachträglich geändert hat. Der Wiedereinstellungsanspruch dient nicht dazu, eine nachlässige Prozessführung zu heilen.

Er wird als Kehrseite des Prognoseprinzips für die Beurteilung der Kündigung angesehen. Der Arbeitgeber kündigt häufig aufgrund einer Prognose. Eine betriebsbedingte Kündigung ist bereits dann sozial gerechtfertigt, wenn der Kündigungsgrund zum Zeitpunkt des Kündigungszugangs greifbare Formen angenommen hat.

Beispiel:
Wegen einer beabsichtigten Automatisierung werden betriebsbedingte Kündigungen ausgesprochen. Sofern diese Prognose sich noch innerhalb des Laufes der Kündigungsfrist als nicht zutreffend erweist, z. B. weil es nicht zu der beabsichtigten Automatisierung und dem Stellenabbau kommt, ist der Arbeitnehmerin bzw. dem Arbeitnehmer ein Wiedereinstellungsanspruch zuzusprechen.

Eine krankheitsbedingte Kündigung verlangt eine negative Gesundheitsprognose. Für eine Verdachtskündigung reicht ein dringender Tatverdacht. Ändert sich nachträglich die Prognosegrundlage, betrifft dies die Wirksamkeit der Kündigung nicht. Als Ausgleich für dieses von der Arbeitnehmerin bzw. dem Arbeitnehmer zu tragende Risiko wurde auf der Basis von Treu und Glauben der Wiedereinstellungsanspruch entwickelt.

Verdachtskündigung
Der Verdacht einer strafbaren Handlung oder einer schweren Vertragsverletzung kann ggf. zum Ausspruch einer Kündigung führen, wenn der Verdacht dringend ist und zu einer für den Arbeitgeber unzumutbaren Beeinträchtigung des Arbeitsverhältnisses führt. Die Kündigung ist dann wirksam, wenn diese Voraussetzungen zum Zeitpunkt des Kündigungszugangs als relevantem Prüfungszeitpunkt vorlagen.

Stellt sich nachträglich im gerichtlichen Verfahren heraus, dass die Arbeitnehmerin bzw. der Arbeitnehmer zu Unrecht verdächtigt wurde, oder gelingt ihr bzw. ihm ein Entlastungsbeweis, will das BAG dies allerdings noch bei der Beurteilung der Kündigung berücksichtigen. Wird der Verdacht erst nach Abschluss des Kündigungsschutzverfahrens beseitigt, steht der Arbeitnehmerin bzw. dem Arbeitnehmer ein Wiedereinstellungsanspruch zu, sofern der Arbeitgeber noch nicht berechtigt über den Arbeitsplatz disponiert hat.

Die Wirksamkeit einer Verdachtskündigung hängt nicht von der strafrechtlichen Würdigung des Sachverhalts, sondern von der Beeinträchtigung des Vertrauensverhältnisses durch den vorliegenden Verdacht (siehe Kapitel 7.14) ab.

Personenbedingte Kündigung
Ein Wiedereinstellungsanspruch ist in der Praxis vorrangig nach einer krankheitsbedingten Kündigung möglich. Basis für eine solche Kündigung ist eine negative Gesundheitsprognose. Maßgebender Beurteilungszeitpunkt für diese Prognose bei einer Kündigung wegen lang anhaltender Erkrankung, wegen häufiger Kurzerkrankungen oder wegen Trunksucht ist der Zugang der Kündigungserklärung.

Entfällt nachträglich die Grundlage für diese Prognose, weil die Arbeitnehmerin bzw. der Arbeitnehmer sich z. B. nach Ausspruch der Kündigung einer bisher verweigerten Operation oder einer Entziehungskur unterzogen hat, kann sie bzw. er die Wiedereinstellung fordern. Voraussetzung ist jedoch, dass der Arbeitgeber noch nicht berechtigt über den Arbeitsplatz disponiert hat.

Betriebsbedingte Kündigung

Eine betriebsbedingte Kündigung kann ausgesprochen werden, sofern der Kündigungsgrund greifbare Formen angenommen hat. Dies ist der Fall, wenn eine vernünftige betriebswirtschaftliche Betrachtung die Prognose begründet, dass der Arbeitsplatz der Arbeitnehmerin bzw. des Arbeitnehmers bis zum Ende der Kündigungsfrist wegfällt.

Das BAG hat einen Wiedereinstellungsanspruch nach einer betriebsbedingten Kündigung nur in dem Fall anerkannt, dass der Kündigungsgrund noch bis zum Ende der Kündigungsfrist entfällt. Entsteht erst danach eine Beschäftigungsmöglichkeit, kommt ein Wiedereinstellungsanspruch nicht in Betracht, da zu diesem Zeitpunkt die Vertragsbeziehungen bereits beendet sind.

Beispiel:
Wiedereinstellungsanspruch nach betriebsbedingter Kündigung

Eine Stilllegung des Betriebs zum Jahreswechsel ist bereits seit Monaten beschlossen. Kurz vor Jahresende erfolgt ein wirtschaftlicher Aufschwung, der eine weitere Produktion und somit die Betriebsfortführung herbeiführt. Die Prognosebasis ist dadurch nach dem Ausspruch der Kündigungen weggefallen. Die Arbeitnehmerin bzw. der Arbeitnehmer erlangt dann einen Wiedereinstellungsanspruch, sofern der Arbeitgeber noch nicht berechtigt über den Arbeitsplatz verfügt hat.

Infolge einer EG-Richtlinien-Konformen Auslegung des § 613a BGB hat das BAG bei einem nach Zugang einer betriebsbedingten Kündigung erfolgenden Betriebsübergang einen Fortsetzungsanspruch der Arbeitnehmerin bzw. des Arbeitnehmers anerkannt. Übernimmt der Betriebserwerber die (Haupt-)Belegschaft, gehen sämtliche, auch die gekündigten, Arbeitsverhältnisse auf den Erwerber über.

Während die vom bisherigen Inhaber nicht gekündigten Arbeitsverhältnisse kraft Gesetzes nach § 613a Abs. 1 BGB auf den Erwerber übergehen, können die gekündigten Arbeitnehmerinnen und Arbeitnehmer nur den Abschluss eines Arbeitsvertrages zu unveränderten Bedingungen unter Wahrung ihres Besitzstandes verlangen.

Im Insolvenzverfahren gibt es keinen Wiedereinstellungsanspruch gegenüber dem Erwerber, wenn der Betriebsübergang nach Ablauf der Kündigungsfrist erfolgt ist. Die Zubilligung eines Wiedereinstellungsanspruchs würde die durch die §§ 125 bis 128 InsO bezweckte Rechtssicherheit gefährden.

Praxishinweis:
Weiterbeschäftigung prüfen
Stets ist vor einer Neueinstellung die Weiterbeschäftigung von gekündigten Arbeitnehmerinnen und Arbeitnehmern zu prüfen. Die Dispositionsfreiheit des Arbeitgebers besteht nur so lange, wie er vom Wegfall des Kündigungsgrundes nichts weiß.

Praxishinweis:
Keine Sozialauswahl bei Wiedereinstellung
Gibt es mehr Arbeitnehmerinnen und Arbeitnehmer mit einem Wiedereinstellungsanspruch als Stellen, hat der Arbeitgeber anhand betrieblicher Belange und anhand sozialer Gesichtspunkte

eine genügende Auswahlentscheidung zu treffen und hierbei die §§ 242, 315 BGB zu berücksichtigen. Die Kriterien des § 1 Abs. 3 KSchG lassen sich hierbei nicht unmittelbar übertragen, da es dort nicht darum geht, mit welcher Person ein Vertrag zu schließen ist, weil dieser Vertragsschluss Willenserklärungen voraussetzt.

Es empfiehlt sich daher, bei erkennbar geänderter Lage – im Vergleich zu der ursprünglichen Prognose – zügig den gekündigten und besonders infrage kommenden Arbeitnehmerinnen und Arbeitnehmern die Fortsetzung des Arbeitsverhältnisses anzubieten. Die Dispositionsfreiheit des Arbeitgebers besteht nur so lange, wie er vom Wegfall des Kündigungsgrundes nichts weiß.

Durchsetzung des Wiedereinstellungsanspruchs

Die Geltendmachung des Wiedereinstellungsanspruchs ist fristgebunden. Eine Ungewissheit über das Zustandekommen/weitere Bestehen eines Arbeitsvertrags muss, soweit möglich, vermieden werden. Deshalb muss der Wiedereinstellungsantrag analog § 613a Abs. 6 BGB und dem in § 2 Satz 2 und § 4 KSchG enthaltenen Beschleunigungsgrundsatz innerhalb eines Monats nach Kenntniserlangung der entscheidenden Tatsachen geltend gemacht werden.

Der Wiedereinstellungsanspruch kann eingeklagt werden. Nach überwiegender Ansicht muss dies – in Anlehnung an die Frist zur Einreichung einer Kündigungsschutzklage – innerhalb von drei Wochen nach Ablehnung des Wiedereinstellungsanspruchs durch den Arbeitgeber geschehen.

Die Klage ist jedoch nicht auf die Wiedereinstellung zu richten. Streitgegenstand ist die Wiederbegründung eines Arbeitsverhältnisses. Zu klagen ist daher auf Abgabe einer Willenserklärung gemäß § 894 ZPO. Vom Gericht ersetzt werden soll das Angebot des Arbeitgebers auf Abschluss eines neuen Arbeitsvertrages. Da die Bedingungen meist denen des ursprünglichen Arbeitsvertrages entsprechen sollen, kann auch auf Annahme eines entsprechenden Angebotes der Arbeitnehmerin bzw. des Arbeitnehmers geklagt werden.

Nicht begründet wäre eine Klage auf Weiterbeschäftigung. Grundlage für einen solchen Weiterbeschäftigungsanspruch ist das durch die Wiedereinstellungsklage erst noch zu begründende Arbeitsverhältnis.

Die Arbeitnehmerin bzw. der Arbeitnehmer hat die Beweislast für die Voraussetzungen des Anspruchs. Sie bzw. er braucht aber nur deutliche Anhaltspunkte vortragen, da die Änderungen der Verhältnisse in dem Machtbereich des Arbeitgebers liegen. Der Arbeitgeber muss sich dann hierzu detailliert erklären und beweisen (umgekehrte abgestufte Darlegungs- und Beweislast), dass die Entscheidungslage sich entweder nicht verändert hat oder warum gleichwohl eine Wiedereinstellung nicht in Erwägung zu ziehen ist.

Tipp!

Es empfiehlt sich, auf tarifvertragliche Regelungen zu achten. In vielen Bereichen bestehen tariflich festgelegte Wiedereinstellungsansprüche. Insbesondere in witterungsabhängigen Branchen ist die Möglichkeit der kurzfristigen Auflösung von Arbeitsverhältnissen (zum Saisonende oder in der Schlechtwetterzeit), verbunden mit einem Anspruch auf Wiedereinstellung vorgesehen.

2.17 Die ordentliche Arbeitnehmerkündigung

In Bezug auf die ordentliche Arbeitnehmerkündigung sind für Arbeitgeber nahezu keine Besonderheiten zu berücksichtigen.

Zu beachten ist, dass die verlängerte gesetzliche Mindestkündigungsfrist nach der gesetzlichen Konzeption nur für Kündigungen gilt, die der Arbeitgeber ausspricht. Die Arbeitnehmerin bzw. der Arbeitnehmer kann das Arbeitsverhältnis auch bei längerer Beschäftigungsdauer nach § 622 Abs. 1 BGB mit der kurzen Grundkündigungsfrist von vier Wochen zum Monatsende oder zum 15. eines Kalendermonats kündigen. Voraussetzung ist, dass im Arbeitsvertrag oder in einem maßgeblichen Tarifvertrag nichts anderes vereinbart ist. Oft ist deshalb vertraglich geregelt, dass die verlängerten Fristen von beiden Seiten einzuhalten sind.

Für die Arbeitnehmerkündigung gilt die Grundkündigungsfrist des § 622 Abs. 1 BGB. Wurde diese arbeitsvertraglich unter Verstoß gegen das Gesetz verkürzt, muss sich auch die Arbeitnehmerin bzw. der Arbeitnehmer an die gesetzliche Frist halten. Denn § 622 BGB ist keine reine Arbeitnehmerschutzvorschrift, sondern dient den Interessen beider Vertragsteile.

Praxis-Beispiel:
Kündigungsfrist bei Arbeitnehmerkündigung

Der Arbeitnehmer ist seit dem 1.1.2000 bei seinem Arbeitgeber beschäftigt. In seinem Arbeitsvertrag ist geregelt, dass die beidseitige Kündigungsfrist drei Monate beträgt.

Lösung:
Aufgrund seiner Betriebszugehörigkeit von mehr als zehn Jahren hat sich die zugunsten des Arbeitnehmers wirkende Frist für eine

Kündigung des Arbeitsverhältnisses durch den Arbeitgeber nach § 622 Abs. 1 BGB auf vier Monate zum Monatsende verlängert. Da die verlängerte gesetzliche Kündigungsfrist nur für den Arbeitgeber gilt, bleibt die vertragliche Kündigungsfrist von drei Monaten für eine vom Arbeitnehmer ausgesprochene Eigenkündigung wirksam.

Da man zwischen der Arbeitgeber- und Arbeitnehmerkündigung zu unterscheiden hat, führt auch nicht eine zu kurze Frist für eine Arbeitgeberkündigung automatisch zur Unwirksamkeit der vereinbarten Frist für die Arbeitnehmerkündigung.

Sofern die Arbeitnehmerin bzw. der Arbeitnehmer die von ihr bzw. ihm einzuhaltende Kündigungsfrist nicht einhält, ist zu beachten, dass der Arbeitgeber sie bzw. ihn zur tatsächlichen Weiterarbeit nicht zwingen kann.

Tatsächlich kann der Arbeitgeber wegen der vorzeitigen Beendigung dann Schadensersatzansprüche gegen die Arbeitnehmerin bzw. den Arbeitnehmer durchsetzen. Hier ist jedoch zu beachten, dass die Darstellung des Schadens in vielen Fällen problematisch sein kann. Sofern z. B. ein anderer (teurerer) Arbeitnehmer ersatzweise eingestellt wird, kann ggf. die Differenz zwischen dessen Vergütung und der Vergütung der ausgeschiedenen Mitarbeiterin bzw. des ausgeschiedenen Mitarbeiters geltend gemacht werden.

In der Praxis wird daher häufig bereits im Arbeitsvertrag geregelt, dass die Arbeitnehmerin bzw. der Arbeitnehmer im Fall der nicht fristgemäßen Kündigung und tatsächlicher Nichtweiterarbeit eine Vertragsstrafe zu zahlen hat. Auf diese Art und Weise sichert sich der Arbeitgeber die Betriebstreue der Arbeitnehmerin bzw. des Arbeitnehmers bis zur letzten Minute. Im Falle eines Verstoßes dagegen kann vom Arbeitgeber auf diesem Weg ein pauschaler Schadensersatz geltend gemacht werden. Zu beachten ist allerdings die Rechtsprechung zur Zulässigkeit, insbesondere zur Höhe der Vertragsstrafenzahlung.

Soweit die Arbeitnehmerin bzw. der Arbeitnehmer während der vereinbarten Kündigungsfrist jedoch bereits ein Arbeitsverhältnis (bei einem Wettbewerber) aufnehmen will, kann sie bzw. er wegen des innerhalb des Arbeitsverhältnisses generell zu berücksichtigenden Wettbewerbsverbots auf Unterlassung in Anspruch genommen werden. Wegen der Dringlichkeit sollte der Anspruch grundsätzlich im Eilverfahren verfolgt werden.

Bei entsprechender vertraglicher Vereinbarung ist auch nach dem Ausspruch einer Eigenkündung durch die Arbeitnehmerin bzw. den Arbeitnehmer nachvertraglich ein Wettbewerb zum bisherigen Arbeitgeber zu unterlassen.

2.18 Die außerordentliche Arbeitnehmerkündigung

Mangels einer durchsetzbaren Möglichkeit, die Arbeitnehmerin bzw. den Arbeitnehmer zur Weiterarbeit zu verpflichten, bestehen in Bezug auf die unberechtigte außerordentliche Arbeitnehmerkündigung keine Besonderheiten. Auf die Ausführungen zu der ordentlichen Arbeitnehmerkündigung in Kapitel 7.17 kann insofern verwiesen werden.

Besonderheiten bestehen in Bezug auf berechtigte außerordentliche Arbeitnehmerkündigungen. Diese können möglich sein, sofern das Verhalten des Arbeitgebers Anlass zum Ausspruch dieser Kündigung gegeben hat.

In diesem Fall, ggf. nach dem vorherigen Ausspruch einer Abmahnung durch die Arbeitnehmerin bzw. den Arbeitnehmer, kann diese bzw. dieser unter bestimmten Voraussetzungen einen Schadensersatzanspruch nach § 628 Abs. 2 BGB haben. Bezüglich der Höhe des Anspruchs ist es nach der Rechtsprechung des BAG möglich, die Vergütung für den Zeitraum der durch den Arbeitgeber für diese individuelle Mitarbeiterin bzw. diesen individuellen Mitarbeiter zu berücksichtigenden Kündigungsfrist geltend zu machen.

Sofern zusätzlich das Kündigungsschutzgesetz (KSchG) auf den Betrieb des Arbeitgebers Anwendung findet, kann eine Abfindung gefordert werden, die in der Höhe der Regelabfindung gemäß § 1a KSchG entspricht.

3 Der Aufhebungsvertrag

Wie jeder Vertrag kann auch der Arbeitsvertrag einvernehmlich von den Parteien beendet/aufgehoben werden. Ein solcher Aufhebungsvertrag kommt ebenfalls durch zwei übereinstimmende Willenserklärungen – Angebot und Annahme – zu Stande. Voraussetzung ist immer der beiderseitige rechtsgeschäftliche Wille, das Arbeitsverhältnis sofort oder später zu beenden.

Ein Aufhebungsvertrag ist nicht allein deshalb unwirksam, weil der Arbeitgeber der Arbeitnehmerin bzw. dem Arbeitnehmer weder eine Bedenkzeit noch ein Rücktritts- bzw. Widerrufsrecht eingeräumt und ihr bzw. ihm auch das Thema des beabsichtigten Gesprächs darüber vorher nicht mitgeteilt hat.[81]

Der in der Praxis am häufigsten auftretende Fall von Aufhebungsverträgen sind die im Zusammenhang mit einer Kündigungsschutzklage abgeschlossenen Vergleiche, sofern mit ihnen die Beendigung des Arbeitsverhältnisses vereinbart wird. Sofern vereinbart wird, dass das Arbeitsverhältnis aufgrund einer bereits zuvor ausgesprochenen Kündigung endet, wird von einer Abwicklungsvereinbarung gesprochen.

Daneben werden häufig auch Aufhebungsvereinbarungen unmittelbar zwischen den Arbeitsvertragsparteien getroffen. Meist geschieht das auf Veranlassung der Arbeitgeberseite, die der Arbeitnehmerin bzw. dem Arbeitnehmer eine Trennungsabsicht mitteilt. Mit Blick auf Nachteile bei dem späteren Bezug von Arbeitslosengeld (sofern die Arbeitnehmerin bzw. der Arbeitnehmer bei der Beendigung des Arbeitsverhältnisses mitgewirkt hat) sind solche Vereinbarungen diesen gegenüber jedoch nur in Ausnahmefällen anzuraten. Andernfalls sind Sperrzeiten beim Bezug

[81] *Vgl. BAG, Urteil vom 30. September 1993 zum Geschäftszeichen 2 AZR 268/93*

von Arbeitslosengeld zu erwarten. In Fällen, in denen die Arbeitnehmerin bzw. der Arbeitnehmer jedoch ein neues Arbeitsverhältnis in Aussicht hat oder ggf. eine Beendigung des Arbeitsverhältnisses aus gesundheitlichen Gründen in Erwägung zieht, sind solche Regelungen verbreitet.

Vorteil:
In einem Aufhebungsvertrag sind die Arbeitsvertragsparteien weitestgehend frei in dem Inhalt ihrer Vereinbarungen, insbesondere im Bezug auf Beendigungstermine, Abwicklung des Arbeitsverhältnisses, Vergütungsvereinbarungen, Abfindungszahlungen etc.

Tipp!

Kündigungsschutz nicht relevant
Ein Aufhebungsvertrag, der die Kündigung ersetzt, die nicht nach § 1 KSchG auf Sozialwidrigkeit zu prüfen wäre, ist nicht wegen der Umgehung zwingender Kündigungsschutzvorschriften unwirksam.

Vorteil:
Auch während der Elternzeit nach § 15 BEEG ist der Abschluss eines Aufhebungsvertrages unbegrenzt zulässig. Der Sonderkündigungsschutz, der ab dem Elternzeitverlangen und während der Dauer der Elternzeit besteht, steht einer einvernehmlichen Lösung arbeitsrechtlich nicht entgegen. Gleiches gilt für die Regelung des § 19 BEEG, wonach der Arbeitnehmer oder die Arbeitnehmerin das Arbeitsverhältnis zum Ende der Elternzeit nur unter Einhaltung einer Kündigungsfrist von drei Monaten kündigen kann.

Vorteil:
Bei Abschluss eines Aufhebungsvertrages mit einem schwerbehinderten Menschen findet der besondere Kündigungsschutz nach § 85 SGB IX bis § 91 SGB IX keine Anwendung. Insbesondere ist es nicht erforderlich, die Zustimmung des Integrationsamtes einzuholen. Auch ein ohne Beteiligung des Integrationsamtes abgeschlossener Vertrag ist daher voll wirksam.

Tipp!

Beteiligung des Integrationsamtes
Es ist für die Arbeitnehmerin bzw. den Arbeitnehmer empfehlenswert, das Integrationsamt gleichwohl zu beteiligen, da die Arbeitsagentur entsprechend einer internen Verwaltungsanweisung andernfalls gehalten ist, eine Sperrzeit zu verhängen. Weigert sich das Integrationsamt, am Zustandekommen eines Aufhebungsvertrages mitzuwirken, sollte auch der Versuch der Beteiligung des Integrationsamtes dokumentiert werden.

Schriftform
Nach § 623 BGB bedarf auch die Beendigung von Arbeitsverhältnissen durch Aufhebungsvertrag zu ihrer Wirksamkeit zwingend der Schriftform. Diese soll vor Übereilung schützen, der Rechtssicherheit dienen und die Arbeitsgerichte entlasten, indem sie die Beweiserhebung im Prozess erleichtert und Streitigkeiten darüber vermeidet, ob überhaupt ein Aufhebungsvertrag geschlossen worden ist.

Sinnvolle Regelungen
In einem Aufhebungsvertrag sollten zur abschließenden Regelung der vertraglichen Beziehungen der Parteien unter Umständen Vereinbarungen über die nachstehenden Gegenstände getroffen werden:

- Zeitpunkt des Endes des Arbeitsverhältnisses

- ggf. Regelung über Zahlung rückständigen Entgelts, vorbehaltlich der Rechte Dritter

- möglicherweise Freistellung während der auslaufenden (Kündigungs-)Frist (unter Anrechnung von Urlaubs- und Freistellungsansprüchen)

- ggf. Zahlung einer Abfindung

- mögliche Erhöhung der Abfindung bei vorzeitiger Beendigung durch die Arbeitnehmerin bzw. den Arbeitnehmer (Sprinterklausel)

- sofortige Erteilung eines Zwischenzeugnisses

- Erteilung eines Zeugnisses zum Beendigungszeitpunkt

- Vereinbarungen über den Zeugnisinhalt

- Abgeltung von Urlaubsansprüchen

- Rückgabe von Arbeitsmaterialien, Arbeitgeberunterlagen, Datenträgern etc.

- Herausgabe von Dienstwagen/Tankkarte etc.

- Übernahme von betrieblichen Altersversorgungen

- Hinweis auf Meldung bei der Arbeitsagentur

- Stillschweigensvereinbarung

- Vertraulichkeitsvereinbarung über Geschäftsgeheimnisse
- Erledigungsklausel wegen sämtlicher sonstiger Ansprüche
- ggf. Widerrufsmöglichkeit, insbesondere, sofern vereinbarte Zahlungen zu bestimmten Terminen nicht erfolgen

Das nachstehende Muster eines Aufhebungsvertrags umfasst nur das Grundmuster mit den nötigsten Vereinbarungen, die entsprechend den individuellen Erfordernissen ergänzt werden sollten.

Aufhebungsvertrag

zwischen

______________________________ *(Name),*

______________________________ *(Adresse)*

(im Folgenden: „Arbeitgeber“)

und

Herrn/Frau ______________________________ *(Name),*

______________________________ *(Adresse)*

(im Folgenden: „Mitarbeiter“ sowie gemeinsam mit der Gesellschaft: „die Parteien“)

wird folgender Aufhebungsvertrag geschlossen:

1. Beendigung des Arbeitsverhältnisses
Zwischen den Parteien besteht Einigkeit, dass das zwischen ihnen bestehende Arbeitsverhältnis aus dringenden betrieblichen

Gründen mit Ablauf des ______________ (Beendigungszeitpunkt) enden wird.

2. Abfindung

Aus Anlass der Beendigung des Arbeitsverhältnisses und der damit verbundenen Aufgabe des sozialen Besitzstandes zahlt der Arbeitgeber an den Mitarbeiter nach Maßgabe der §§ 9, 10 KSchG eine Abfindung in Höhe von ________ Euro (in Worten: ______________________________ Euro) brutto. Die Abfindung ist zum Beendigungszeitpunkt fällig.

3. Ausgleichsklausel

Mit Erfüllung dieses Aufhebungsvertrages sind alle gegenseitigen Ansprüche der Parteien aus dem Arbeitsverhältnis und dessen Beendigung — gleich aus welchem Rechtsgrund, gleich ob bekannt oder unbekannt — erledigt. Davon ausgenommen sind etwaige Ansprüche des Mitarbeiters aus betrieblicher Altersversorgung und solche der Gesellschaft auf Schadensersatz wegen unerlaubter Handlung.

____

Ort, Datum

____

Unterschrift Arbeitgeber

____

Unterschrift Arbeitnehmer

4 Anfechtung des Arbeitsverhältnisses

Nur zur Vervollständigung der Beendigungstatbestände soll hier auch kurz auf die Möglichkeit der Anfechtung des Arbeitsverhältnisses eingegangen werden. Die Darstellung ist jedoch nur ein Einblick, sodass bei einer ggf. in Betracht kommenden Anfechtung zwingend auf weitere Informationen oder Rechtsrat zurückgegriffen werden sollte.

Im Falle eines Irrtums oder der Täuschung einer Vertragspartei kann diese Partei unter bestimmten Voraussetzungen das Arbeitsverhältnis auch durch Anfechtung beenden.

Für die Anfechtung eines Arbeitsvertrags gelten die allgemeinen Vorschriften für die Anfechtung wegen Irrtums (§ 119 BGB) und wegen Drohung oder arglistiger Täuschung (§ 123 BGB).

Einen Schwerpunkt bilden in der Praxis die Fälle der falschen Beantwortung von im Einstellungsverfahren gestellten Fragen und die sich nachträglich – während des Arbeitsverhältnisses – herausstellende offensichtliche Ungeeignetheit einer Mitarbeiterin bzw. eines Mitarbeiters.

Die rechtswirksame Anfechtung führt wie eine Kündigung zur Beendigung des Arbeitsverhältnisses.

Beachten Sie:
Im Gegensatz zu jeder Art von Kündigung ist hier eine Beteiligung des Betriebsrats gemäß § 102 BetrVG nicht erforderlich. Auch etwaige Kündigungsbeschränkungen gelten nicht. Das gilt insbesondere für den Sonderkündigungsschutz gemäß § 9 MuSchG und § 85 SGB IX. Die Anfechtung des Arbeitsvertrages mit

einem schwerbehinderten Menschen bedarf deshalb auch nicht der Zustimmung durch das Integrationsamt.

Das Anfechtungsrecht wird dabei nicht durch das Recht zur außerordentlichen Kündigung verdrängt. Beide Möglichkeiten der Beendigung eines Arbeitsverhältnisses stehen vielmehr selbstständig nebeneinander. Ein Anfechtungsgrund kann gleichzeitig ein Grund zur ordentlichen oder auch zu einer außerordentlichen Kündigung sein.

Achtung!

Wenn die Voraussetzungen der Anfechtung und der Kündigung des Arbeitsverhältnisses wahlweise gegeben sind, ist davor zu warnen, zunächst ordentlich zu kündigen und anschließend das Arbeitsverhältnis anzufechten. In der ordentlichen Kündigung kann nämlich unter Umständen eine Bestätigung des anfechtbaren Rechtsgeschäftes liegen, sodass ein Anfechtungsrecht nicht mehr ausgeübt werden kann.

In der Abwicklung eines angefochtenen Arbeitsvertrages sind Besonderheiten zu berücksichtigen. Insbesondere sofern die Anfechtungsmöglichkeit erst nach bereits in Vollzug gesetztem Arbeitsverhältnis und nach geleisteter Arbeit bekannt wird, ergeben sich rechtliche Schwierigkeiten bei der Rückabwicklung. Eine Abwicklung kann im Wesentlichen nicht durch die gesetzlichen Vorschriften gelöst werden, sodass durch die Rechtsprechung die Grundsätze des faktischen Arbeitsverhältnisses entwickelt wurden.

Anfechtungsfrist

Eine Irrtums-Anfechtung ist nur rechtswirksam erklärt, wenn sie „unverzüglich", d. h. spätestens innerhalb einer Frist von zwei

Wochen nach Kenntnis der für die Anfechtung maßgebenden Tatsachen erklärt wurde.

War eine Täuschung oder Drohung vorangegangen, so muss die Täuschungsanfechtung binnen Jahresfrist nach Entdeckung der Täuschung erfolgen (§ 124 Abs. 1 BGB).

Wirkung der Anfechtung
Die normale Rechtsfolge der Anfechtung ist die rückwirkende Beseitigung des Rechtsverhältnisses. Hinsichtlich der Anfechtung eines bereits in Vollzug gesetzten Arbeitsverhältnisses wurde diese Folge durch das BAG jedoch als nicht sachgerecht erachtet, sodass in diesem Fall die Beseitigung der vertraglichen Beziehung ab dem Zeitpunkt der Anfechtungserklärung erfolgt. Das bisherige tatsächliche Beschäftigungsverhältnis wird insofern bis zum Zeitpunkt der Anfechtungserklärung wie ein Arbeitsverhältnis abgerechnet (Lehre vom faktischen Arbeitsverhältnis). Im Ergebnis führt dies dazu, dass die Arbeitnehmerin bzw. der Arbeitnehmer die Vergütung für die von ihm geleisteten Dienste erhält bzw. behalten darf.

Literaturverzeichnis

Bodem, Marcus
Abwicklung gescheiterter freier Mitarbeiterverhältnisse aus arbeits-, sozial-, steuer- und strafrechtlicher Sicht
In: ArbR, Arbeitsrecht Aktuell, 2012, Seite 213 ff.

Dr. Fröhlich, Oliver
Betriebsratswahl und leitende Angestellte,
In: Arbeitsrechtsberater (ArbRB), 2014, Seite 16 ff.

Ganz, Winfried/Thomas, Björn
Die Ankündigung von Personalentwicklungsmaßnahmen, arbeitsrechtliche Erwägungen
In: ArbR, Arbeitsrecht Aktuell, 2013, Seite 171 ff.

Dr. Hoppe, Christian
Die Besetzung von Arbeitsplätzen im Spannungsfeld der jüngeren Rechtsprechung zum AGG
In: ArbR, Arbeitsrecht Aktuell, 2012, Seite 131 ff.

Hümmerich, Klaus/Spirolke, Matthias
Das arbeitsrechtliche Mandat, 5. Auflage 2009

Prof. Dr. Koch, Ulrich/Dr. Linck, Rüdiger/Dr. Treber, Jürgen/ Vogelsang, Hinrich
Schaub Arbeitsrechtshandbuch, Systematische Darstellung und Nachschlagewerk für die Praxis, 14. Auflage 2011

Dr. Künzl, Reinhard
Das Fragerecht des Arbeitgebers bei der Einstellung
In: ArbR, Arbeitsrecht Aktuell, 2012, Seite 235 ff.

Dr. Laux, Helga/Dr. Schlachter, Monika
Laux/Schlachter, Teilzeit- und Befristungsgesetz,
2. Auflage 2011

Legerlotz, Christoph/Kissel, Marcus
„Nachkarten" erlaubt?
In: Arbeitsrechtsberater (ArbRB), 2013, Seite 123

Liebers, Hans-Joachim
Formularbuch des Fachanwalts Arbeitsrecht, 1. Auflage 2011

Moderegger, Christian
Betriebsratsanhörung bei Kündigung,
In: Arbeitsrechtsberater (ArbRB), 2009, Seite 42 ff.

Mues, Werner/Eisenbeis, Ernst/Dr. Laber, Jörg
Mues/Eisenbeis/Laber, Handbuch Kündigungsrecht,
2. Auflage 2010

Dr. Müller-Glöge, Rudi/Dr. Preis, Ulrich/Schmidt, Ingrid
Erfurter Kommentar zum Arbeitsrecht, 12. Auflage 2012

Dr. Neumann, Dirk/Dr. Biebl, Josef
Neumann/Biebl, Arbeitszeitgesetz, 16. Auflage 2012

Richardi, Reinhard
Begriff des Arbeitsrechts
In: Arbeitsgesetze, Beck-Texte im dtv, 80. Auflage 2012,
S. XIII ff.

Dr. Roos, Elke/Dr. Bieresborn, Dirk/und andere
Roos/Bieresborn, MuSchG/BEEG, Kommentar, 1. Auflage 2014

Schinz, Reinhard
Aktuelles zum Urlaubsrecht, Beiheft zum Seminar „2. Arbeitsrechtstag Berlin“ der Amadeus FiRe Services GmbH, S. 61 ff.

Stück, Volker
Praxishinweis zu LAG Berlin-Brandenburg, Urteil vom 24. August 2011 zum Geschäftszeichen 15 Sa 980/11
In: ArbR, Arbeitsrecht Aktuell, 2011, Seite 622

Prof. Dr. Thüsing, Gregor/Dr. Laux, Helga/Dr. Lembke, Mark
Thüsing/Laux/Lembke, Kündigungsschutzgesetz, 2. Auflage 2011

Waldenfels, Aurel
Aktuelles zur Abmahnung
In: ArbR, Arbeitsrecht Aktuell, 2012, Seite 209 ff.

Dr. Woerz, Anja/Klinkhammer, Patrick
Arbeitsrechtliche Regelungen zur Beschränkung von Nebentätigkeiten
In: ArbR, Arbeitsrecht Aktuell, 2012, Seite 183 ff.

Zirnbauer, Ulrich
Münchener Prozessformularbuch, Band 6 Arbeitsrecht, 3. Auflage 2009

Made in United States
Orlando, FL
04 November 2026

90200957R00108